"知心姐姐"在什邡灾区和小朋友在一起

"知心姐姐"出席"先进文化"系列讲座并给读者家长签名

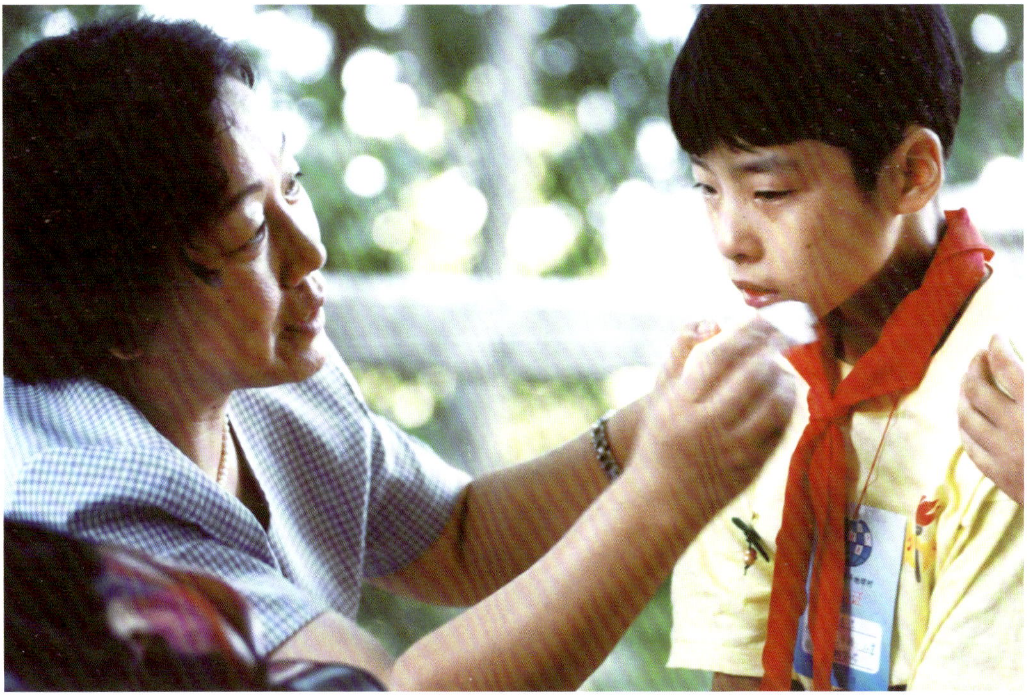

"知心姐姐"和小朋友在一起

"知心姐姐"在"手拉手地球村"学校

读者和"知心姐姐"谈心现场

卢勤教育文集

卢勤 著

写给世纪父母

浙江文艺出版社
Zhejiang Literature & Art Publishing House

图书在版编目（CIP）数据

写给世纪父母/卢勤著. —杭州：浙江文艺出版社，2020.1
ISBN 978-7-5339-5729-2

Ⅰ.①写… Ⅱ.①卢… Ⅲ.①家庭教育 Ⅳ.①G78

中国版本图书馆CIP数据核字（2019）第114834号

责任编辑 王晶琳
特约编辑 肖　瑶
装帧设计 李　莹

写给世纪父母

卢勤　著

出版	浙江文艺出版社
地址	杭州市体育场路347号
邮编	310006
网址	www.zjwycbs.cn
经销	浙江省新华书店集团有限公司
制版	灵动视线
印刷	三河市华润印刷有限公司
开本	710毫米×1000毫米　1/16
字数	237千字
印张	16.5
插页	4
印数	0001-8000
版次	2020年1月第1版
印次	2020年1月第1次印刷
书号	ISBN 978-7-5339-5729-2
定价	32.80元

版权所有　违者必究

（如有印、装质量问题，请寄承印单位调换）
团购电话：0571-85064309

代再版序

我和书的故事

卢　勤

我的职业是记者、编辑。1979年我31岁，这一年，我进了中国少年报社。后当上"知心姐姐"，实现了我童年的梦想，就这样我乐此不疲地干了30年，直到60岁退休。

写书当作家，对我来说纯属意外。

1996年我48岁。在一次由全国妇联组织的"冬妮童话丛书"出版座谈会上，我做了十分钟的发言，得到时任全国妇联副主席、书记处第一书记黄启璪大姐的充分肯定。

过了十几天，中国妇女出版社当时的副社长薛宝根来找我。她说："全国妇联为了推动家庭精神文明建设，准备在全国开展'年轻妈妈读书活动'，要为年轻妈妈写一本书，启璪书记说：'就请卢勤来写吧！我看她儿童观很好，事例生动，语言也不错，一定能写好！'"

当时我真是受宠若惊，因为我不是作家，只是一个记者、一个编辑。我被这种高度信任深深感动了，白天上班，早晚加班，每天写3000字，苦战两个月，16万字的书稿终于完成了。

《写给年轻妈妈》一书出版后，全国妇联和中国妇女出版社就在全国开展了"年轻妈妈读书活动"。由于活动开展得好，仅仅三年时间，这本书重印了46次，发行量达到213万册，并荣获中宣部第六届精神文明建设"五个一工程"奖，成为当时全国十大畅销书之一。我本人也荣获"全国三八红旗手""巾帼建业标兵"称号，作为"全国更新家庭教育观念报告团"成员，在全国几十个城市进行演讲。

静下心来想一想，究竟是什么力量促使我拿起笔写书的呢？我领悟到是信任的力量！信任能使人产生强烈的责任感，充分挖掘自身潜力、释放能量。

写给世纪父母

当新世纪到来时,中国妇女出版社又约我写了第二本书——《写给世纪父母》,全国妇联主办了"世纪父母读书活动",后来此书荣获了中国图书奖。

《写给年轻妈妈》《写给世纪父母》出版后,我收到了许多读者的来信。家长的信任、社会的需求激起了我强烈的责任感,也激发了我对写书的兴趣。尤其当我看到许多孩子买了我写的书送给妈妈,有的孩子还来到报告会现场,坐在家长席上听我做报告时,我被感动了。我曾问一个坐在第一排的小男孩:"你来听什么?"他说:"我来听'知心姐姐'说说怎么教育孩子,我看看我爸妈教育孩子的方法对不对。他们为什么老打我?"

我被震撼了,孩子们也主动参与到家庭教育中来了,他们本来就是主体!

当时,我在《中国少年报》主持《知心姐姐》栏目。于是,我开辟了一个新栏目——《做人与做事》,同一话题,一篇写给孩子,一篇写给父母。讲给孩子的话,写在《知心姐姐讲座》专栏里;讲给父母的话,写在《知心家庭学校》里。

《做人与做事》栏目开办了三年,我先后写了《做人十大课题》《做事十大秘诀》《一生受益十大名句》,深受广大师生和父母的欢迎。

1999年的夏天,我去内蒙古参加一个作者座谈会,会上内蒙古的一名男老师带着三个小学生站起来说:"卢老师,今天我们要送您一件礼物。《中国少年报》的《做人与做事》栏目同学们都很爱看,但报纸不够分,我们就抄下来了,做了手抄本,大家传着看。这就是手抄本,送给您!"

我接过三大本手抄本,只见每一页都书写工整,而且配了彩色插图。孩子们的用心让我感动得流下了眼泪。读者的信任是对作者最大的鼓励,我决心以《做人与做事》为题,写一本父母与孩子共读的书,我从三年的讲座中,选择了十个话题,重新撰写了其中的二十个故事。

2001年,在接力出版社的热情帮助下,亲子共读的《做人与做事——我和爸爸妈妈共同的话题》得以出版。这本书发行量突破160万册,并荣获中宣部第八届精神文明建设"五个一工程"奖。

2002年,我主编的《知心姐姐送给孩子的12件礼物》,由中国少年儿童出版社出版。

2000年时浙江发生了一起震惊全国的事件:17岁的浙江金华中学生用榔头打死了自己的母亲,原因是不堪母亲对其学业上过分的要求和给其带来的精神上的重压。这件事惊动了党中央,国家领导人为此专门发表了关于教育问题的谈话。事发七周后,我去了金华,和这名男生面对面谈了100分钟。我真的非常震撼,这名男生的母亲以"我都是为你好"为理由,从小就"绑架"了她的儿子,不给儿子一点自由的空间,致使儿子心灵世界一片荒芜,最终走向犯罪。他被判处12年有期徒刑,进了少管所。我一直没有放弃,他服刑期间我年年去少管所看他,和他谈心,我走近他、了解他、鼓励他、帮助他。后来,他减刑六年提前出狱,我又帮他安排了工作。如今,他已自食其力,组建了家庭,成为一个帅气儿子的父亲。

那一年,我作为"预防青少年违法犯罪工程"的爱心大使,加入了共青团中央、全国少工委组织的"为了孩子的今天和明天——全国素质教育报告团",到各地去巡回报告。每当我走进一个个座无虚席的会场,面对一双双望子成龙的眼睛,我的内心便会掀起波澜。我发现,中国父母从来没有像今天这样关注孩子。我心中一直放不下这件事,朝思暮想:我能为中国的家庭教育再做些什么?一个家庭教育图书系列在我心中逐渐成形:《告诉孩子,你真棒!》(写给父母),《告诉世界,我能行!》(写给孩子),《告诉自己,太好了!》(写给父母、老师和孩子)。

2003年,长江文艺出版社北京图书中心负责人金丽红和黎波得知我的想法后,给予了我热情的支持和有效的帮助。

2004年,《告诉孩子,你真棒!》出版了,一下子发行了100多万册,这本书产生的社会影响是我始料未及的,至今还有很多读者会说起这本书对自己的影响。

想起14年前,这本书刚刚出版时,一个妈妈拿着《告诉孩子,你真棒!》来找我,愁眉苦脸地对我说:"卢老师,你看!"只见封面上书名的"棒"字,被用铅笔改成了"差"字!"这是我上四年级的女儿干的!她在学校挺好,可我老觉得她不如别人,老说她,所以她对我很有意见!"

我笑了:"你女儿很有智慧,用这样的方式表达了对你的意见。你老说孩子差,孩子会越来越差;你常说孩子棒,孩子会越来越棒。什么样的语言环境培养什么样的孩子。"八年后,在一家银行,我再次见到这位妈妈,她笑容满面地告诉我,由于自己的改变,女儿发展得很好,今年考上北京大学了。

金丽红曾说:"这本书的价值,不仅仅在于发行数量大,更在于改变了广大父母的教育观念。"

金丽红说得对——家庭教育类的图书与小说不同,它的价值不在于故事情节引人入胜,而在于传播的教育观念能切中时弊。一念之差,就有可能改变一个孩子的命运。

是的,错误的理念,会让孩子变为恶魔;正确的理念,会让孩子变为天使。此后,为父母、为孩子写作,成为我神圣的使命,从那年开始,我几乎年年出一本专著。

2005年"六一"前夕,《告诉世界,我能行——成长面对的50个问题》由中国少年儿童出版社、长江文艺出版社联合出版。

2006年,我主编的《发掘孩子的大脑潜能》由地震出版社出版。

2007年,《好父母 好孩子》《把孩子培养成财富》由漓江出版社出版。书中表达的观念是:父母与其把财富留给孩子,不如把孩子变成财富。

2008年,四川汶川发生了大地震。当地震发生的时候,当灾难降临的时候,中国人民团结起来了,我们同时看到了一种伟大的力量——爱的力量,这是道德力量的基石。同年7月,我的新书《卢勤谈如何爱孩子》,由陕西师范大学出版社出版,书中总结出10种爱孩子的方法。

2009年,中国少年儿童出版社出版了"知心姐姐"书系(家庭版)。

2011年,长江文艺出版社北京图书中心约我写了第二本书:《长大不容易》。本书传达了"长大不容易,成长有规律"的教育理念,发出了"教育儿童必须符合儿童身心发展的规律和年龄特征，否则会导致不良后果"的呼唤。同年，文化艺术出版社出版了《好父母 好孩子》。

2013年，译林出版社出版了"卢勤家庭教育"系列。

2014年，我主编的《男孩梦》《女孩梦》由北京师范大学出版社出版。

2014年，以"知心姐姐语录"的方式编写的儿童读物《和烦恼说再见》，由中国少年儿童出版社出版。

2017年，由汇智光华策划、广东经济出版社打造的"中国当代家庭教育经典系列"问世了，内含《告诉孩子，你真棒！》《告诉世界，我能行！》《告诉自己，太好了！》。

2017年，《让每个孩子都精彩》由长江文艺出版社出版。

2018年，《悦长大——把孩子当孩子》由现代出版社出版。

这些书的总发行量超过1000万册。

我从48岁开始写书，今年已70岁，一晃22年过去，真是弹指一挥间。回想20多年来写书的历程，我不仅收获满满，还得到许多贵人的指点。中宣部原常务副部长、中国家庭文化研究会原会长徐惟诚（笔名：余心言）四次为我的书作序，给了我极大的鼓励。

在中国少年儿童出版社出版的"知心姐姐"书系（家庭版）中，徐惟诚写了总序，题目是《受欢迎的"知心姐姐"》，其中有几段是这样写的：

"知心姐姐"写的书是受人欢迎的。孩子欢迎，家长也欢迎。她的每一本新书写出来都很畅销，一版、再版，还不断有人盗版，说明客观上社会对这类好书有着强烈的需求。

《知心姐姐》本来是《中国少年报》上一个面向读者解答问题的专栏。卢勤同志主持这个专栏多年，最终打造出了这样一个知名的品牌。其中的奥妙何在？

首先，她爱孩子。一听到有关孩子的事，卢勤就两眼放光。听到孩子有什么困难，她千方百计也要帮助解决。孩子说什么，孩子的父母说什么，她都能倾听，而且不断地引导、鼓励对方把话说完、说透。这样她就能彻底理解孩子，也能充分理解家长。

于是，她说出来的话就能为对方着想，并且从对方的实际出发，真正做到了"知心"。这正是做思想工作、解决问题的最根本的条件。因为做到了这一点，孩子们把她看成"知心姐姐"，家长们也把她看成"知心姐姐"，她就成功了一大半。

其次，她很勤快。她的名字叫卢勤，确实也勤于学习。别人有什么好主意，她就会马上记到自己的小本子上，而且记得特别详细，到时候拿出来就能用。孩子的倾诉，家长的倾诉，她都不厌其烦地一一记下，也记得特别详细。这样，她肚子里就有说不完的有关孩子成长的故事，有成功的经验，也有失败的教训。许多地方都请她去做有关孩子健康成长的报告，她都尽可能地不予推辞，终年四处奔波，一遍遍地讲，讲完了还耐心地回答各种提问。她的思想就在这样的劳顿之中一遍遍地被打磨得更成熟、更精致。她说的道理是正确的，但又不是套话、空话，更不是令人难以理解的官话，而是合乎道理、实实在在、一针见血的大实话，这就自然受到了孩子和家长的欢迎。也许她还有许多其他的重要经验，但我认为这两条是最根本的，也是最重要的。

徐惟诚副部长后来成为中国大百科全书出版社总编辑。他本身就是大作家，工作又十分繁忙，他舍得抽出时间，那么认真地为我的书写序，还给予了高度的评价，让我十分感动，也深受教育。他帮助我总结出"先做好人，再写好书"的道理，让我明白：先要成为读者的知心朋友，写的书才能受到读者欢迎；只有"走进"读者的心，才能"赢得"读者的心。

教育部原总督学柳斌、中国少年儿童新闻出版总社原社长海飞与李学谦，都曾热情地为我的书作序，让我十分感动。

在图书出版过程中，各家出版社的领导、编辑给了我多方面的关心、支持和帮助，不仅使我的写作水平得到提高，也令我的教育思想得到了升华。

更让我感动的是千千万万读者对我的鼓励和支持。无论是爸爸、妈妈、爷爷、奶奶们，还是男孩女孩们，见了面，他们常常会说——读了你的书,我的孩子教育好了,今天如何如何精彩……没见面的,会写信告诉我,他读书后变化有多大……

今年,在北京凤凰中心举办的"2017—2018华人教育家大会"上,我意外荣获了"华人教育名家"称号。本想我都70岁了,应该和各种奖项告别了,突然又得到这样的荣誉,我内心很激动。在颁奖会上,主持人让我发表获奖感言,我说:"昨天去北京医院做针灸,等待时,一位女士跑过来激动地和我说:'十年前我看了你的书,我改变了教育儿子的方法,从打骂指责变为鼓励,我儿子变得可好了,今年考上了美国前十名的大学!我一直想感谢你,今天终于见到你了!'说完她情不自禁地和我拥抱。这样的场景,我经常会遇到,也常被感动得热泪盈眶。刚才主持人问我,从事40年儿童教育和家庭教育,我最大的成就感是什么?现在我可以真诚地告诉大家:幸福灿烂的笑脸。"

这就是书的魅力!书可以不受时空的限制,飞到任何需要她的地方;书可以陪伴任何需要她陪伴的人一起成长。我感谢书,给我带来朋友;也感谢书,让我的生命得到延续。

我还要特别感谢在北京凤凰壹力文化发展有限公司的策划下,在我70岁这一年,由浙江文艺出版社为我出版了这套"卢勤教育文集"。这是一份对我来说价值连城的生日礼物!她记录下70年来我成长、工作、奋斗的历程,也记录下爱我的师长、朋友、家长、孩子对我的信任和支持。在这里,我谢谢大家!

2018年11月12日夜,北京家中

今天当父母真难（修订版前言）

"'知心姐姐'，快救救我的孩子！你是她心中的太阳，她是我唯一的希望……"有一个妈妈在电话里泣不成声，痛不欲生！

"卢勤老师，今天有朋友怀着激动和兴奋的心情告诉我，您应邀来我县做'关注孩子心灵成长'的报告。也许您不难想象，我对您的崇拜和一个历经一年心的磨难、整天提心吊胆度日的母亲听到这一消息后的心情。我仿佛久旱后见到了一滴晨露，黑暗中看到了一线光明。我告诉自己，无论如何我要见您！只要您能与我面谈，哪怕让我在门外站上一天一夜我也愿意！因为我不能错过这千载难逢的机会。万一见不到您，我也要想方设法把这封信交到您的手上，让您听一听一位用心哭泣的母亲的呼救声：'救救我的女儿！'"

每天，我都能接到大量父母、孩子写来的信。读着这些催人泪下、撕肝裂胆的信，我深深感到："今天当父母真难！"

这些把孩子视为生命的妈妈，那些为孩子鞠躬尽瘁的爸爸，面对自己唯一的孩子成长中出现的种种问题，束手无策，心力交瘁。

作为"知心姐姐"，我多么想给求救的父母一点点帮助，帮痛心无奈的父母解除一点点痛苦；我又多么想让每一个孩子都拥有一个和谐温馨的家庭，让每一个孩子都拥有一片宁静的天空……

然而，我力不从心。尽管中国少年儿童新闻出版总社已经拥有了"知心姐姐"团队，有近百人在从事"知心姐姐"事业，但仍远远满足不了需求，因为每天打电话找"知心姐姐"咨询、给"知心姐姐"写求助信、到总社来找"知心姐姐"面谈的父母、孩子实在太多太多……

终于，在困惑中我看到了希望——出书。书，能够跨越千山万水，飞到有需求的人手中；书，能不受时间、地域的限制，让广大父母、孩子随时与"知心姐姐"交流；书，也能更系统、更具体地阐述"知心教育理念"，传播先进的家教理念和科学的育子方法。

近几年来，在几家出版社的帮助和努力下，我先后出版了《写给年轻妈妈》《写给世纪父母》《做人与做事》《告诉孩子你真棒！》《告诉世界我能行！》等几本书，总发行量达500多万册。其中两本获中宣部精神文明建设"五个一工程"一本好书奖，这本《写给世纪父母》曾荣获中国图书奖。

本书出版于新世纪刚刚开始的2001年。书中写到了2000年震惊全国的浙江金华市中学生徐力弑母事件，记录了我和徐力长达100分钟的谈话，从而引起新闻界广泛关注，十几家报纸杂志进行了转载，由此引发了社会对教育问题的大讨论。

从那时起我开始思考：今天，我们的家庭教育究竟出了什么问题？我们应该怎样科学地教育孩子？又应该怎样科学地教育父母？

中国人一直传诵着一句名言，"少年强则国强"。今天，人人都希望少年强。问题是，少年怎样强？是逼着少年强，还是让少年自强？是给他们施以强大的压力，还是给予他们成长的"推动力"，调动他们的"内动力"——为少年儿童的健康成长创造良好的环境？可以说，这些既是百年大计，又是当务之急。

在《写给世纪父母》一书中，我发出了这样的呼吁——今天的教育，不但要适应未来社会发展对人才的要求，更要适应孩子自身成长的需求。

徐力弑母这血淋淋的事件让我看到，父母不适当的家教、不正确的心态，会在一个孩子的心灵世界里埋下多么厚重的冰层。而这一切葬送了一个花季少年美好的青春年华，也结束了一个艰难的、深爱儿子的母亲的生命！

和徐力谈话后我就下决心：一定尽自己的全力，拯救徐力的心灵，让他走出罪恶的深渊，重新扬起生命的风帆。我还要帮助千千万万个绝望的孩子打破心头淤积的冰层。我要让天下的父母和孩子都相信一个事实：亲情的阳光可以融化一个人心中的坚冰；一时迷失的孩子只要通过努力，就能改变自己的命运！

五年来，我年年都去浙江省未成年犯管教所看望徐力，给他送去最多的就是书！

徐力不负众望。他在管教所表现很好，通过自学考上了函授大学，并多次立功减刑，2006年将走出高墙。

徐力的进步让我高兴，但是管教所里未成年犯人数的增长却让我担忧！

2004年，我两次去徐力所在的管教所，为2000多名未成年犯做了一场报告——"为了明天，从今天开始"，并送给2000多名未成年犯每人一本我写的书。徐力来信告诉我："您送给我们的书，大家都十分爱惜，就像对待珍宝一样，看完后，都保管得很好，生怕弄坏了。您的关怀在大伙儿心中引起了强烈的反响，这是我从来没有见到过的。您确实是一位很了不起的'知心姐姐'。我们一定会好好利用在这里的时间，多学一点儿知识，多充实自己，使自己变得更加全面，以便出去后更好地适应社会，并争取更大的成绩，不辜负您对我们的期望！"

一个署名"失足少年狄威"的男孩也给我写了满满两页信纸："您，作为一名著名作家，却能抽出时间来到高墙内看望我们，令我十分感动。您那长达三个小时的讲话，令我好几次感动得流下了眼泪！要知道，在短短的三个小时内，让我哭上好几回，真是一件少见的事（因为我平时很少流泪的）……您的那些话，我听得很认真。尤其是'从今天开始，珍惜生命'那一段，真的让我明白了，是妈妈给了我生命，我不孝顺她，还有谁孝顺她啊（我是一个独生子）……也许，这封信是所有读者来信的千万分之一封；也许，您根本顾不上看这封信（我知道您很忙），但是，我还会坚持给您写信的。"

读着一封封这样的信，我的泪水一次次涌出……

"失足少年"的心声发人深省！面对精神文化的缺失，我们别无选择，只有加紧弥补。

做父母的要真爱孩子，就要关心孩子心灵的成长，从小给予孩子精神文化的滋养。书是孩子最好的朋友，她将陪伴孩子一步一步走上成功的台阶。

做父母的要真爱孩子，自己也要爱读书，用先进的教育思想武装自己，用科学的理念和方法培育孩子。书也是父母最好的朋友，她将帮助您和孩子一起长大！

近年来，许多看过我的书的父母，纷纷来信谈到书对他们的帮助，我感到十分欣慰。

近日，一名在中国香港某公司工作的青年学者、曾经离异的年轻爸爸给我写来一封长信，讲述了自己在第一次婚姻失败后，教育儿子过程中出现的种种问题。他深深自责，在信中说，自己教育儿子时"经常犯急躁、粗暴的错误，虽然从不打骂，但语气的严厉，足见父爱不足，及今思之，我都是满怀愧疚的。读了您的书后，我茅塞顿开，马上认识到自己的不足，并实施了改进的措施。我和父母达成了我称之为'卢勤共识'的教育认同理念。现在我的心情好起来，儿子也快乐多了，父母对我也不像以往那样不放心了。所以，我发自内心地感谢您——我的好大姐！是您拯救了我！我将要写一篇《感谢卢勤》的文章，收在我的文集里"。

孩子的快乐健康就是对"知心姐姐"最好的感谢！父母的真诚与改变就是对我最好的回报！

《写给世纪父母》一书再版之际，我真诚地期盼所有的父母都能走出痛苦、走出困惑，勇敢地和孩子站在一起，积极面对成长中的风风雨雨，共同迎接新世纪绚丽多彩的彩虹！

卢　勤
2005 年 12 月

引言　我们是世纪父母

"新世纪，我能行！"

20世纪的最后一个"六一"儿童节到来之际，中国少年先锋队第四次全国代表大会在北京召开。开幕式上，中国孩子站在中南海的讲台上，发出了震撼世界的声音：

"新世纪，我能行！"

胡锦涛同志在祝词中热情鼓励孩子们："你们一定能行！"掌声响起来。在这世纪之交的掌声中，有中国孩子充满自信的心声，有中国父母、老师充满期望的心声，也有我——一个老少先队员、一名母亲伴着泪花的心声。

少代会的最后一天，小代表们登上北京的长城，举行了"让世界听到中国孩子的声音"的呐喊活动。

面对雄伟壮丽的长城，欢呼跳跃的孩子们大声喊着：

"新世纪，我来啦！"

"新世纪，我能行！"

那一声声震耳欲聋的呐喊声，久久地在长城晴朗的上空回荡着。从孩子们的呐喊中，我听到了21世纪中国最年轻的声音。

我一直在想，我们这些跨世纪的父母能够为新世纪的孩子做些什么？我们能把一个什么样的中国交给这些孩子？当这些孩子长大成人，中国肯定会赢得世界的尊敬吗？

当新千年的钟声即将敲响的时候，党中央高瞻远瞩，明确提出："国运兴衰,系于教育;振兴教育,全民有责。"中国实实在在地把教育摆在了21世纪发展战略的首位。

共青团中央、全国少工委及时组织了"为了孩子的今天和明天——全国素质教育报告团",到各地巡回报告。我作为报告团的成员,一次次走上讲台。每当我走进一个个座无虚席的会场时,每当我面对一双双父母望子成才的目光时,我的内心便会掀起滔滔波澜。中国的父母从来没有像今天这样关注孩子、关注教育、关注未来。

我满怀激情向父母们敞开心扉:"我们是天底下最幸运的父母,因为我们赶上了两个世纪的交替。我们曾经和父兄一道,创立了20世纪的辉煌,如今我们又和孩子一起,迎来21世纪的第一缕曙光。我们可以骄傲地称自己为世纪父母。"

作为世纪父母,我们曾是20世纪最幸福的一代。我们未曾遭遇过战争的苦难,却最先看到了新中国的蓝天;我们未曾参加共和国大厦的奠基,却有幸参与了改革开放蓝图的描绘;我们未曾经历过枪林弹雨的考验,却有着上山下乡、下海、下岗、上学、上网等多味人生的体验。今天,我们做了父母,虽然岁月已改变了我们的容颜,但却改变不了我们对祖国的一片忠诚和赤子情怀。我们可以自豪地对儿女们说:"20世纪我们是最棒的!"

作为世纪父母,我们是21世纪最关键的一代。因为我们手中孕育着21世纪升起的太阳。毕竟,新世纪是属于孩子们的。

21世纪最大的课题,是如何发挥人的潜力,让每一个孩子都得到充分发展;是如何把所有的孩子都培养成"我能行"的孩子;是如何为孩子们创造一个即使失败了也能够重新奋起的宽松的社会环境。

作为孩子们和父母信赖的"知心姐姐",我曾送给孩子们一份人生的礼物——"快乐人生三句话"。

第一句:面对生活,要微笑着说:"太好了!"

第二句:面对困难,要敢于说:"我能行!"

第三句:与人相处,要主动说:"你有困难吗?我来帮助你!"

这三句话,对于培养孩子们良好的心理素质起到了积极的作用。

写给世纪父母

21世纪，人们的机遇将多于挑战，希望也将多于困难。而在机遇和希望面前，一个人能否获得成功，关键在于是否有勇气。在新的竞争中，"我能行"三个字将显示出其特有的魅力。

"没有谁能击败你，除非你自己。"在悉尼奥运会上，中国年轻的射击运动员蔡亚林就是凭着这种"我能行"的力量，摘取了奥运会金牌。我相信，中国孩子也将以"新世纪，我能行"的风貌，让中国更加为世界瞩目。

新世纪需要"我能行"的孩子，首先要有"我能行"的父母和老师。我曾经听到这样一件事：一名老师在黑板上写了三个字"我不行"，回过头来问孩子们："我们怎么办？"

所有的孩子都高声回答："把'不'字去掉！"

于是，老师将"不"字擦掉了，换上"能"字——黑板上赫然出现的是"我能行"。老师让孩子们天天高喊"我能行"，渐渐地，在孩子心中，就真的没有了"不"字——"不行"慢慢地被淡化，被挤压到了意识的最底层。于是，"我能行"的强大信息深深地扎根在孩子们的心中。

假如父母们也能像这位"我能行"的老师一样，勇敢地将"不"字从孩子心中擦掉，那奇迹便会在你的孩子身上发生。"我能行"三个字，可以算是"世纪父母"送给"世纪孩子"最宝贵的精神财富，它将伴随孩子一生。

问题是，今天不是孩子不行，而是父母不相信孩子能行；不是孩子不想擦掉"不"字，而是父母的眼睛总盯着"不"字不放。于是，担心代替了放心，指责代替了赞扬，挑剔代替了赏识。

面对新世纪，面对呐喊着"我能行"的孩子，我们反思我们的家庭教育……

我们终于明白，要让孩子成为21世纪的成功者，我们必须转变教育观念：我们可以代替孩子做事，但是代替不了孩子成长；种子是父母播撒的，成长还要靠孩子自己。我们不能满足于准备好一切去迎接孩子，而应该让孩子准备好一切去迎接未来。真正"我能行"的父母，是从小让孩子体验"我能行"的父母。

面对新世纪,放开孩子的手脚,让他们勇敢地喊出"我能行",也勇敢地实践"我能行"——这是"世纪父母"在新的世纪里,培养孩子成才的新课题、新目标。

2006 年 11 月

Contents | 目录

第一章　家庭教育面临什么——三大渴求
　　孩子渴求现代父母 …………………………………… 004
　　父母渴求现代家教 …………………………………… 007
　　社会渴求现代人才 …………………………………… 013

第二章　孩子成长需要什么——五个需求
　　成长需要空间 ………………………………………… 020
　　成长需要理想 ………………………………………… 025
　　成长需要体验 ………………………………………… 028
　　成长需要沟通 ………………………………………… 032
　　成长需要肯定 ………………………………………… 036

第三章　父母该丢掉什么——不健康心态
　　丢掉补偿心　找回平常心 …………………………… 042
　　丢掉反常心　找回正常心 …………………………… 046

丢掉虚荣心　找回责任心 ……………………………………… 049
　　丢掉惧怕心　找回保护心 ……………………………………… 053

第四章　给孩子留下什么——生命的礼物

　　妈妈的"存折" ………………………………………………… 061
　　爸爸的体验 ……………………………………………………… 064
　　不落的太阳 ……………………………………………………… 068
　　无价的礼物 ……………………………………………………… 072
　　富翁的新招 ……………………………………………………… 075

第五章　真正的爱是什么——施爱八法

　　用爱的目光注视孩子 …………………………………………… 080
　　用爱的微笑面对孩子 …………………………………………… 083
　　用爱的语言鼓励孩子 …………………………………………… 086
　　用爱的渴望调动孩子 …………………………………………… 090
　　用爱的细节感染孩子 …………………………………………… 092
　　用爱的管教约束孩子 …………………………………………… 095
　　用爱的胸怀包容孩子 …………………………………………… 099
　　把爱的机会还给孩子 …………………………………………… 101

第六章　亲子双赢的诀窍——沟通九招

　　让孩子倾诉——坐下来听 ……………………………………… 107
　　和孩子平视——蹲下来看 ……………………………………… 111
　　与孩子商量——相互尊重 ……………………………………… 112
　　让孩子决定——学会选择 ……………………………………… 115
　　给孩子写信——巧妙表达 ……………………………………… 118
　　替孩子着想——留点面子 ……………………………………… 121
　　放孩子出去——认识社会 ……………………………………… 123
　　向孩子道歉——说声"对不起" ……………………………… 125

向孩子学习——能者为师 ·· 127

第七章　家庭和谐呼唤什么——三个善待
善待自己——保持好心态 ·· 132
善待孩子——成为好朋友 ·· 139
善待家人——扮演好角色 ·· 149

第八章　打开"我能行"大门靠什么——六种力量
赏识的力量——相信你能行 ·· 156
信任的力量——你很重要 ·· 162
发现的力量——你是奇迹 ·· 168
评价的力量——你真棒 ·· 174
合作的力量——朋友需要你 ·· 178
创新的力量——你能做得更好 ·· 182

第九章　帮孩子开发什么——六大财富
财富之一——会思考的头脑 ·· 188
财富之二——会观察的眼睛 ·· 193
财富之三——会倾听的耳朵 ·· 197
财富之四——会说话的嘴巴 ·· 199
财富之五——会操作的双手 ·· 203
财富之六——会走路的双脚 ·· 207

第十章　家庭教育要避免什么——四个误区
误区一：只抓学习 ·· 211
误区二：溺爱、包办 ·· 213
误区三：不约束、不责罚 ·· 215
误区四：棍棒底下出孝子 ·· 216

第十一章 孩子学习，家长帮什么——找兴趣

变"要我学"为"我要学" …………………………………… 220
提高孩子学习的兴趣 ………………………………………… 227
培养孩子的勤奋努力 ………………………………………… 229
每天阅读十分钟 ……………………………………………… 234
教孩子集中注意力 …………………………………………… 237
帮助孩子提高学习效率 ……………………………………… 240

第一章

家庭教育面临什么——三大渴求

今天的父母，比以往任何一代父母都更加关注孩子的教育。

我自己感受到家庭教育的热度，是从我写的《写给年轻妈妈》一书的发行中体验到的。这本书三年内印刷46次，发行量达到213万册。1997年1月4日，《中国青年报》发表了一篇报道，题目是《一本书引出一股热潮——年轻父母渴望家教知识》。文章中说：

>……很多家长连夜读完了这本书，含泪给作者和出版社写去了自己的感想。北京太平路小学学生家长赵燕华在信中说："这本书写得太好了，许多章节催人泪下，它像一面镜子，鉴别出我做母亲经历中的对与错，它是开启年轻母亲们走进成功教子之门的一把钥匙。"
>
>很多小学生也纷纷写信或打电话告诉"知心姐姐"，他们的爸爸妈妈看了书后的确变了。一个同学说，他们年级最近进行了考试，由于题目有点偏，大多数同学没有考好。他们像往常一样做好了回家挨揍的准备，但是出乎意料的是没有一个人挨打。他代表全体同学给"知心姐姐"鞠躬，谢谢"知心姐姐"改变了他们的父母。
>
>一本有关家庭教育的书，在社会上竟然引起如此大的反响，是出版界甚至作者本人都始料不及的，它从一个侧面反映出一个巨大的社会需求：家长们渴望了解孩子，渴求家教知识。

这种渴望,并非"中国特色",它也带有很强的国际性。

1997年12月的一天,一个名叫侯明的年轻女士来找我,她说,她在美国攻读博士学位期间,考察了美国的家庭教育,撰写了一部书稿,希望由我来写序。

我对她说:"我感谢你对我的信任,但写序最好请德高望重的人,我是一个普通人,从未写过序。"

侯明非常诚恳,我答应看了再说。看完书稿,让我惊讶的是,书中大量发生在美国家庭的故事,好像就发生在我们身边。如果不是书中的孩子叫"艾米""卡特""杰西卡"……我甚至忘记了这是一本介绍美国家庭教育的书。

孩子的成长始终与社会经济的发展、与他们生存的环境是密不可分的。当时美国物质丰富的社会大环境无疑为青少年的成长与教育带来了巨大的变化。小家庭独居代替了大家庭相邻相伴的格局,孩子们与祖父母、亲戚的关系由朝夕相处转为节假日相逢,电视的出现阻碍了孩子与社会的更多接触,其结果是孩子增强了对小家庭的依赖,同时又失去了以往与大家庭直接相连的安全感。

在家庭中,孩子的地位也有很大变化。往日贫困生活所加在孩子身上的责任与义务渐渐被淡化,多数孩子不必为家庭的温饱操心,父母对孩子的期望更多地转向孩子的未来,希望他们做好学生,将来有好出路,并不要求他们为家庭做什么贡献。社会经济的增长,也为他们提供了更多的物质享受的选择。在这样的环境下,他们开始渐渐丧失以往因为能替家庭做贡献带来的自豪感与自信心,取而代之的是以我为中心的个人主义与孤独感。美国的父母终于觉醒,开始注意培养孩子的独立生存能力,并从各方面给予关心。

中国的家庭教育已经由"多子女家庭教育"向"独生子女家庭教育"转变。到1995年,中国独生子女增至5400万,3.7亿个家庭中,有20%为独生子女家庭。这个现实,给今天中国的家庭教育带来三个变化:

一、家长的心态变了

独生子女的唯一性，使这一代家长对孩子的成败带有"下赌注"的感觉，自己承受过的苦难，转化为强烈的补偿心理和惧怕心理，对孩子的培养表现出"四过"：过高的期望、过分的关心、过多的呵护、过分的保护，致使这一代孩子中有不少人出现"三无"：无情、无能、无责任感。

二、孩子成长的环境变了

孩子的成长环境由"儿童世界"转化为"成人世界"，成人对孩子的影响在加大，孩子对成人的依赖心理在加大，同时孩子与成人的矛盾也在加大。

三、孩子的生活内容变了

今天的孩子是中国第一批在电视机和电脑前长大的孩子。虽然住房的空间越来越大，但孩子与父母沟通的时间却越来越少。慢慢地，孩子向父母关闭了心灵的大门，形成了不健康的心理。

中国的父母已经意识到，家庭是孩子的第一课堂，也是终身课堂；家庭教育要跟上变化的时代，父母就要重新学习、重塑自己。于是，家庭教育呈现出三大渴求：孩子渴求现代父母，父母渴求现代家教，社会渴求现代人才。

孩子渴求现代父母

新世纪当父母真难,新世纪当父母真好

新世纪当父母真难。

上海浦东三林镇妇联开展的"母亲素质大调查"调研活动遇到了这样的情况：一边是母亲盼子成才的沉甸甸的爱，一边却是孩子对这份母爱的排斥和抗拒。

这个以全镇近千名学生为对象的调查，结果令母亲们大吃一惊。认为母亲缺乏魅力、语言粗俗、思想平庸的占31.5%；认为母亲要加强学习、提高自身修养的占75.8%；希望母亲改变教育方式，和他们多交朋友的占80.2%；要求母亲尊重个人爱好，给予独立成长空间的占80.2%。而另一方面，仅有3.7%的学生能接受母亲现行的教育方式，认为母亲能令自己敬佩、仰慕的仅占接受调查者总数的7%。

从调查中可以看出，孩子们心目中理想的母亲形象，远远超过传统的"慈母形象"。他们理想的"现代母亲"可以概括为"五个一点"：懂一点电脑，化一点淡妆，少一点说教，露出一点微笑，多给一点空间。"现代母亲"要有气质，爱学习，像个朋友一样。

孩子们的要求并不过分。时代在变，孩子在变，孩子衡量父母的尺子也在变。

可是让传统的父母一下子变为"现代父母"，难度还是挺大的。当孩子们向我诉说对父母的"不满"时，我常常让他们对父母多一点体谅和宽容，可孩子们有时并不服气。

我的一个女友和上中学的儿子关系闹得挺僵，请我去调解。一天，我去她家，单独会见她的儿子。这个大男孩上小学时参加过我组织的夏令营，对我很热情，也很乐意和我聊。

"我妈对别人客客气气的，对我却总是大发脾气。我妈下班一回来，我只要见她脸拉得老长，便立刻跑回自己的房间，把门关紧，省得挨骂。"说着，她儿子举出几件实例。

"你妈也不容易，她在单位是领导，操心的事不少，她回家又要做饭，照顾你，够累的，爱发脾气可能是到了更年期……"

"更年期？"没等我讲完，男孩就迫不及待地接过话头，"自打我上学，我妈脾气就这么坏，更年期怎么这么长？您给我来个倒计时，更年期哪天结束？我也好有个盼头！"

我忍不住笑起来。

我很同情这个男孩，事后我对他妈妈说，我们不能怪孩子不理解我们，我们也该改变自己了，尽管改变自己不容易。平时，我们很在乎孩子的物质要求，注重对孩子生活上的照顾，却忽视了孩子内心的情感世界，特别是忽略了自己在孩子心目中的形象定位。

女友听到儿子对她的看法，说了句："如今当父母真难，我们小时候哪有那么多事！"可她还是答应，要改变自己对孩子的态度。

从另一个角度看，新世纪当父母真好。

孩子离现代化近。家里有一个上学的孩子，就会时常带进来现代化的气息，使我们跟上时代的步伐。

时代在变化，今天与昨天不同，明天与今天也不同。尤其当数字化、网络化、全球化这些新的名词和新的概念闯入我们的生活后，我们天天都能感受到科学技术的发展给人类生活带来的巨大变化。这些变化不仅包括我们所使用的许多产品不断更新换代，使用周期越来越短；也包括我们所学的知识与技能，随着社会政治经济的变革，它的贬值越来越快。我们祖祖辈辈沿袭的教子模式，越来越不适应今天的孩子。特别是当我们进入信息时代后，生活方式将会发生意想不到的变化。到那时，我们可能身上只带一张卡片，就可以走遍全球。人们将越来越感到学习新知识、新技能的重要，没有学习能力，在 21 世纪就寸步难行。

孩子们天天在用现代的眼光审视我们，逼迫我们去学习新东西，督促我们朝现代化靠近,这是多么好的事情啊!在 21 世纪,变是唯一不变的真理。变是常态,不变是病态。因此,作为 21 世纪的父母,我们不妨改变一下自己,用 21 世纪的尺子来量量自己,学点新知识,变个新形象,努力当好"现代父母"!

父母渴求现代家教

别怪孩子不懂事,社会存在决定人的意识

几年前,一个年轻的妈妈曾向我讲述了一件让她困惑的事。

女儿上初中了,整天蹦蹦跳跳,爱吃爱玩,对东西很不爱惜。新买的衣服,穿几天就不喜欢了,扔到一边不予理睬;对家人也漠不关心。

妈妈准备对女儿进行一次"忆苦思甜"教育。她花了400元钱,买了两张票,陪女儿去看芭蕾舞剧《白毛女》。

看后,她问女儿有什么感想,女儿想都没想就说:"喜儿去当白毛女,我看是让她爸逼的。借债还钱本来就是天经地义的事,杨白劳借了黄世仁的钱,为什么不早点还给人家,逼得女儿躲进山里?喜儿也够傻的了,黄世仁那么有钱,嫁给他算了,干吗要到深山老林去当白毛女?"

女儿的回答让妈妈目瞪口呆。

"我女儿好像是从另一个星球来的,怎么什么也不懂,真拿她没办法!"

这个妈妈困惑了。自己小时候看《白毛女》电影时,为喜儿流了那么多眼泪,恨死了黄世仁,可今天同样的故事,孩子怎么看不懂了呢?

我对她说,孩子不懂历史,又没有体验,她不知道今天的好日子是怎么来的,当然会产生这么幼稚的想法。

让孩子们了解历史,了解父母所经历的风雨,是孩子理解父母、宽容父母的前提。近年来,许多当过知青的父母开始明白了这个道理,他们携儿带女去当年插队的地方"探亲",收到了意想不到的效果。

1999年,是我们北京知青赴吉林镇赉县插队30周年。当年8月6日,我们发起组织了"北京知青赴镇赉插队30周年故乡行",80多名知青带着自己的子女返回当年插队落户的东北农村。我们大家捐资10万余元,为镇赉县建立了"北京知青教育奖励基金",设立"乡情奖"

和"育人奖",奖励当年接收知青的 17 个公社的中考"状元"和优秀教师。

作为北京知青联谊会教育奖励基金监委会主任,我带头捐了 2000 元。在镇赉县委举行的隆重颁奖大会上,我代表北京知青发言。这些话也是讲给在座的知青子女听的。我在讲话中说:

> 今天,你们和 80 余名北京知青及其子女一起端坐在这庄严的会场上,此时此刻,我们每一个人的心情都极不平静。
>
> 获奖的同学们,当你们接过获奖证书的时候,你们是否感到了这沉甸甸的分量?是否能够明白,这次回家探亲的知青们,为什么要建立"北京知青教育奖励基金"呢?
>
> 30 年前,我们中有的是十八九岁的高中生,有的是十六七岁的初中生,正当我们满怀信心要报考大学、升入高中时,"文化大革命"开始了。大学的校门关闭了,高中的校门砸烂了,我们失学了!我们的大学梦、高中梦在一夜之间就破灭了!
>
> 但是,我们没有气馁,没有沉沦,打起背包,告别首都北京,毅然踏上北上的列车,到吉林省白城地区的镇赉县插队落户。
>
> 有失必有得。我们在社会大课堂里学到的东西是书本里学不到的。正是这一经历,给了我们一笔难得的人生财富,形成了我们这代人的主流人生态度和顽强的性格。尽管条件艰苦,但我们心中一直呼喊着同一个声音:"我要读书!"当恢复高考的消息传来,多少知青兴奋得彻夜不眠,多少知青累了一天后,晚上又在油灯下苦苦读书。终于有人考上了大学,而更多的同学回城后走上艰难的自学之路。
>
> 当我们成为父母,把孩子放在家中或幼儿园,在工作了一天后,风尘仆仆走进夜大的课堂时,我们品味到在职读书的艰辛。我们这些独生子女的父母曾不止一次地下决心,一定要让

自己的孩子完成大学学业再就业！因为，我们自己深受没有文凭之苦，我们深知没有知识、没有文化，未来就不能生存，不能胜任工作！

所以，几个月前，当我们相聚北京，共同讨论这次"北京知青赴镇赉插队30周年故乡行"要为家乡父老带去什么礼物时，大家想到了一起：共同集资，建立"北京知青教育奖励基金"，让家乡的孩子们珍惜读书的机会。于是，大家十元、百元、千元、万元地凑，分分角角都是情！有些知青已经下岗，每月只有微薄的生活费，也一定要尽一份心意。就这样，基金建起来了。

奖励谁？大家一致同意奖励初中毕业将要升入高中的同学。因为上高中是步入大学的基础，而且当年来镇赉插队的知青绝大多数是初中生。

是奖励困难生，还是奖励优秀生？大家都同意奖励各乡的中考"状元"，因为只有热爱学习，努力掌握科学知识，才能最终摆脱贫困！

那么，为什么叫"乡情奖"呢？

中国有句古话："滴水之恩，涌泉相报。"镇赉对我们这些北京知青的养育之恩，我们永远不会忘记！我们清楚地记得，30年前，镇赉县接收知青的17个公社都很贫穷。乡亲们把自己舍不得吃的鸡蛋、青菜送给我们知青。他们在生活上关心照顾我们，在生产上手把手教我们。有的同学的父母在"文化大革命"中被误解，可是这里的组织和善良的人民，不但没有歧视他们，反而予以信任与关爱，并创造条件，让知青尽可能地发挥作用。

这浓浓的乡情，我们怎能忘怀！我们相信你们也不会忘怀！无论你们将来大学毕业在哪里工作，都不要忘了家乡，不要忘了父母，不要忘了乡亲，不要忘了镇赉！为了表达这种心情，我们在发给你们的奖状上，写下了这样一句话："当年北

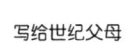

京插队知青,今天不忘浓浓乡情;今日镇赉有志青年,明日回报养育之恩。"

每一个有良心的人都不会忘记帮助过你的人,每一个在共和国阳光下长大的青年,都要以报效祖国为己任。我们国家将迎来50周年华诞,在我们知青中,有许多是共和国的同龄人。50岁的人虽已进入人生的秋天,但我们还可以耕耘收获;对于我们的国家,50岁正当盛年,正是兴旺发达时期。

20世纪将要画上句号,人类即将跨入21世纪。新世纪是知识经济的时代,是高科技的时代,是创造与创新的时代,是中华民族成为社会主义现代化强国的时代!获奖的同学们,知青子女们,我们的孩子们!你们今天正像我们当年一样风华正茂,你们赶上了一个好时代,作为你们的父辈,我们可以深情地说一句:"希望寄托在你们身上!"你们身上寄托着中华民族的希望,千千万万父母的希望,和我们的第二故乡——镇赉父老乡亲的希望!

同学们,我们多么希望,明天在镇赉的史册上,在共和国的史册上,能有你们的名字!

最后,送你们一句话:"今天我以镇赉为骄傲,明天镇赉以我为骄傲!"

台下响起热烈的掌声。我看见,许多人眼里含着泪花,有的流下了一行行热泪。这中间,有知青,也有我们的孩子。

几日的"故乡行"深深打动了城市孩子的心。

14岁的初中女孩赵玉写了一篇体会文章《难忘镇赉行,难忘镇赉情》,文中说:

在县里参加颁奖会后,我与获奖的胜利乡"状元"媛媛姐聊起来。她说,500元的"乡情奖"对她而言是雪中送炭,否则她上学的花费家里恐怕难以承担。她的学习诀窍简单明了:

起早贪黑，刻苦加巧学。我从内心感叹农村姐妹学习的艰苦，钦佩她们拼搏奋进的精神。

晚上住在农民家可就难熬了，睡惯了席梦思，硬邦邦的土炕真不舒服。好不容易睡着，又被小咬儿咬醒，一照镜子，妈呀！原来洁净如玉的脸上平添了许多小红包。看见我眼泪汪汪的，大姨杨芸打趣地说："这是镇赉怕你忘了这里，留个纪念吧！"

我忍不住扑哧笑了，就问她当年吃了那么多苦，为什么还怀念这个地方呢？她语重心长地告诉我：

"我们那代人，当年把最美的时光都奉献在这里，应该说，这是一代人的特殊经历。但我们也留下了许多回味，许多思考。艰苦的生活造就了我们这代人忍辱负重、自强不息的特殊品格，它可能使一个人受用终身。而且，只有经历过那段特殊历史的人，才有可能体会到人间最朴实、最崇高的感情。"

我认真听着、想着，似乎明白了什么。回家后的这段时间，我时常回忆起在镇赉的日日夜夜，回忆起那秀丽的田园景色，那憨厚热情的乡亲父老，还有知青叔叔阿姨们期盼的目光。我觉得，自己不虚此行。我懂得"玉不琢，不成器"的道理，挫折和磨难同样都是老师。我要深深记住这段经历，并把它告诉身边的同学、朋友。

假如赵玉在家里听到这番"人生哲理"，一定听不懂、不爱听、听不进。而今天，她和大姨一起去农村"探亲"，有了自己的体验后，她懂了。

邱长乐的儿子11岁，叫邱辰，他写了一篇《我随爸爸"故乡行"》。文中说：

在去二龙乡的路上，我长了很多见识，例如看到了玉米、高粱、小麦、大豆，知道了它们都长什么样。车到西二龙山

脚下停了,爸爸要看看30年前抗洪抢险时他差点牺牲的地方,他要是牺牲了,今天可就没我了。一进村,矮矮的房子几乎都是泥巴做的,窄窄的土道上全是车轱辘压的道沟,真难以想象,爸爸就是在这样的地方劳动生活了五年。爸爸说,这才是他们过去的生活……这次"故乡行"给我的感触很深。爸爸他们把青春献给了这块黑土地,这块黑土地上的人们都记着他们。

有一个老先生曾经对我说过一句话:"人在少年时经历磨难是一种财富!"爸爸他们享有这份财富,而我们要更好地把握今天的美好时光!

别怪孩子不懂事,社会存在决定人的意识。孩子认识世界往往是通过自己的切身体验。父母要让孩子尊重自己,除了要教会他们做人的道理,更重要的是让他们了解我们曾走过的路。与其把自己的感受告诉孩子,不如让孩子获取自己的体验。我相信,善良的孩子一旦体验到了父母的不易,便会发自内心地敬佩父母、体谅父母;一旦了解了过去的苦难,便会珍惜今天的幸福。

"家庭教育应当由经验育人向科学育人转变,由片面注重书本知识向注重教孩子正确做人转变,由单方面命令向平等沟通转变。"

看来,我们要重新学习了。

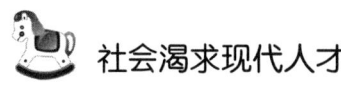 社会渴求现代人才

我们精心培养出来的孩子，早晚有一天要走向社会

在知识经济社会里，人才是最需要和最珍贵的资源。当今世界，随着社会经济和科学技术的飞速发展，全球各国、各个地区间的经济联系和相互依存越来越密切，世界市场正在加速形成。因此，人才的争夺也趋于全球化，全球都需要高素质的"现代人才"。

在这种人才争夺全球化的推动下，教育作为开启国门的钥匙，越来越受到各国的重视。学校、家庭、社会作为教育的三大支柱，每天都在发生变化。这些变化，关系到孩子的成长，牵动着每个家庭。

我们精心培养出来的孩子，早晚有一天要走向社会。他们走向社会之时，首先要通过人才市场的挑选，所以，父母都不得不关注这个市场的"行情"。

当今，人才市场有三个变化特别引人注目：

一、由单向选择变为双向选择

在计划经济下，没有人才市场，大学毕业生由国家统一包分配。毕业生只要"一颗红心，两种准备"就可以了，只要"服从分配"就可以走上工作岗位。在单向选择中，用人单位也只能是"爱你没商量""厌你没办法"，不要也得要。作为毕业生，不想去也得去。

在市场经济下，人才市场是双向选择。单位有权选择大学毕业生，大学毕业生也有权选择单位。学生从学校毕业，不是填写毕业分配表就可以找到工作，而是要接受人才市场的严格挑选。

对毕业生来说，同样有了择业自由。愿意去的单位，你可以自己去

争取,不愿意去的单位也没有人勉强你一定要去,真可谓"海阔凭鱼跃,天高任鸟飞"。

这些变化,给毕业生、家长和社会都带来了活力,同时也带来了压力。

二、从看重"硬件"到看重素质

我所在的单位在国际展览中心附近,每逢那里举办应届大学毕业生就业人才交流会,就会出现塞车现象。我常常到交流会上参观,用"人山人海"来形容交流会的盛况一点也不过分。

前几年,招人单位看"硬件"的多,问的问题也大多是这样的:"是本科吗?""是研究生吗?""有北京户口吗?"近年来,用人单位更注重应聘人员的素质,尤其是心理素质,而大学毕业生更看重用人单位对自己价值的判断。

北京一所学院在校内举办了人才招聘会,有近百家公司参加,也吸引了不少外校的学生。在人头攒动的招聘会现场,一个应届毕业生拿着自荐书高声喊道:

"我要到湘潭电机集团工作!"

周围的同学都把目光对准了他,但他没有胆怯,又喊了两声。

正当人们疑惑不解时,正在现场招聘的湘潭电机集团人事部负责人说:"好,就要你了!"随后与这位同学签订了求职意向书。

这位人事部负责人说,他们这次招聘的是销售人员,需要应聘者具有良好的心理素质。前来报名的大学生不少,但真正具有开拓精神的人并不多。从学生的推荐材料来看,符合他们招聘条件的有十几个人,而敢于当众大喊三声的只有几个。最后,他们就录取了这几个人。

他还说,这种招聘方式可能并不完善,却是对前几年招聘方式的一个反思。过去招人,过分看重学生的学历和成绩,有些成绩优秀的学生在实际工作中并不出色,甚至能力欠缺。所以,现在招人,在学历合格的条件下,更看重学生的实际能力。

社会上已经有很多人意识到了"分数不等于能力"这一道理。一位中学校长深有感触，他说：

"两个学生来我校实习，一个是学习尖子，但管理能力差，他管的班级乱哄哄的，学生根本不听他的；而另一个学习成绩中等的实习生，有创造性，很会管理，学生们喜欢他，他管理的班级很快成为优秀班集体。你说这两个学生我要谁？当然要第二个。我要的是会教课的老师，而不是只会考试的学生！"

三、从注重笔试到注重面试

凭着一张试卷可以进入大学，但凭着一张试卷就能进入工作岗位的时代已经过去。你要想得到你向往的职位，很重要的一关是通过面试。

在现在的人才市场上，用人单位越来越注重面试，甚至面试胜过笔试。这是我通过拜访择业的成功者得出的结论。

小音毕业于北京外国语大学英语系，理想是到某大银行去工作。这家世界著名的银行需要既有金融专业知识又有外语专长的人，而小音不懂金融，只懂英语。这次招聘，人家只录用10个人，报名的竟有1000多人！可是，在"强手如林"的竞争中，小音却获得了成功，成了那百分之一。

"那么多人竞争，你是怎么成功的呢？"我问小音。

"我过了三关，"小音说，"第一关是问我的经历。问我从小学、中学到大学都干过什么，当没当过干部，参加过什么样的社会活动，组织过什么社团……问得可详细啦！我做过学生会工作，所以在这一关占了不少便宜。第二关当然是笔试，很容易的，一般人都能过。"小音得意地说，"不过，最难过的是第三关。"

"为什么？"

"第三关是面试。面试最难，因为你摸不透他们要考你什么。实际上，从一进入面试室，主考官就开始留意你的一切了，比如走路的姿态好不好啦，目光是不是自信啦，说话的表情怎么样啦……通过你的不设防,他们可以更多地了解你身上的东西。当时,一位考官问我:'你为什么要到我们银行来?'这个问题可难不倒我,因为我事先做了充分的准备,对这家银行的百年历史了解得非常清楚,所以对答如流!"小音说到这里,眉目间透着自信。

"考官接着问我:'如果你能来我们银行,希望做什么工作?'说实话,我并不愿意到柜台去做柜员,我希望到后面搞联络。我的口语好,擅长与人交往,这样可以发挥我的优势。但是,如果我这样讲,人家肯定会认为我有缺陷,所以我回答:'干什么我都能够胜任。'"

一名进入国家机关工作的博士生告诉我关于他应聘的故事:

在等待招聘结果的时候,用人单位的领导找他谈话:"你的各方面成绩都很优秀,但这次的名额只有一个,所以很遗憾,你没有被录取。"

这名博士生当时想也没有想,马上说:"没有关系,我很有实力,今年没考中,明年我还来考。"

"没想到,这是最后一道考题,我被录取了!"博士生讲到这里笑了。

他们的故事给我们这样的启示:人生的答卷不是背出来的,而是靠实力做出来的。

在人才市场上,你的孩子面对的已经不再是纸制的试卷,而是一道道生活的实践题,他答得怎么样,要看他是如何对待生活的。

作为父母,你企盼孩子成功,就把他培养成一个热爱生活、具有良好素质的人吧!

有的父母只注重自己孩子的考试分数,忽视了对孩子进行做人与做事的教育,对待孩子是以分为本,而不是育人为本,结果培养出来的孩子只会做题,不会做人,也不会做事。这样的孩子在考场上也许能得高分,可在人生的舞台上却会失分。

一个重点中学的学生每天晚上挑灯夜战,拼命读书,可是却让妈妈每天观看电视剧时记住剧情,第二天早晨讲给他听。他到了学校后,又添油加醋地讲给同学听,好像每晚他都沉迷于电视剧。一些同学抵不住"诱惑",一到晚上就坐在电视机前看电视剧,成绩受到很大影响;还有的同学见他每天看电视剧成绩还是稳居前列，觉得他聪明过人，从而失去了与他竞争的信心——而这一切正是他想要达到的目的。母亲以为自己是在帮儿子竞争，实际上是将儿子一步步推向损人利己的泥潭。教育的功能不仅是知识的填充，更应该是道德的完善。这样的学习尖子，我们能说他是好学生吗？这样的母亲，我们能说她是好妈妈吗？

处在经济变革时代，做父母的不能只注重帮孩子立业，更应该首先注重帮孩子立身。"以学立业，以德立身"须是教育的宗旨。

素质教育的列车已经开进 21 世纪，父母们不要再观望了，马上登上列车吧！千万不要因为我们一时短视，误了孩子一生的前程！

第二章

孩子成长需要什么——五个需求

2000年的第一个春天,一连几场罕见的沙尘暴,人们切切实实感受到,环境的恶化正威胁着人类的生存。许多人都在思考:治理沙尘暴,我能做些什么?

然而,正当人们享受着一天比一天富裕的生活时,一场看不见的沙尘暴,正侵袭着一些孩子的心灵,威胁着他们家庭的幸福。

2000年1月17日,在浙江金华,发生了一起震惊社会的惨案:某中学高二学生徐力,用铁榔头打死了生他养他的母亲!浙江省金华市中级人民法院以故意杀人罪判处被告人徐力有期徒刑15年。

为什么一个17岁的"好学生"会使用如此残忍的手段对待自己的母亲?为什么爱儿子的母亲会死在儿子的手中?产生悲剧的根源究竟是什么呢?

3月10日,我同几名记者一起来到金华市。

在看守所一间光线昏暗的屋子里,我们见到了徐力。如果不是他手上的钢铐,谁能相信眼前这个身材高挑、脸庞白净、表情温和的男孩,竟然是打死了自己母亲的凶手!

我们面对面坐着,离得很近。徐力开始有点紧张,低着头。

"小时候,你读过《中国少年报》吗?"我轻声问他,想唤醒他童年的美好记忆。

"读过。"

"你知道'知心姐姐'吗?"金华市少工委副主任施彩华问徐力。

"知道。"

"和你讲话的这个阿姨就是'知心姐姐'。"徐力忽然抬起了头,望了我一眼,眼里闪过一丝惊喜和友好。刹那间,我看到的仍是一双大大的、纯净明亮的眼睛!

"谈谈你的家和你的妈妈好吗?"我平和地对徐力说。

"好。"

徐力用平静的口气开始了他的叙述。我们交谈了100分钟!

徐力的每一句话,都深深刺痛了我的心。从看守所出来,我们谁也没开口说话。我只觉得眼在流泪,心在流血!

一个好端端的花季少年的青春年华就这样被葬送了!一个母亲的艰难的生命历程就这样悲惨地结束了!我的心中好似刮起一场沙尘暴。究竟是谁杀死了谁?谁应该对谁负责?孩子的成长究竟需要什么?

冷静地想一想,今天我们的家庭教育究竟出了什么问题?我们应该怎样科学地教育孩子?又应该怎样科学地教育父母?

"少年强则国强。"今天,人人都希望少年强,问题是少年怎样强?是逼着少年强,还是让少年自强?是给他们施以强大的压力,还是给予他们成长的"推动力",调动他们的"内动力"?

今天的教育,既要适应未来社会发展对人才的要求,更要适应孩子自身成长的需求。应该承认,孩子的内心世界对我们来说依然是一片神秘而陌生的"森林"。通过徐力的诉说,我们听到了孩子心灵的呼唤,我觉得在孩子成长中不可忽视五个需求。

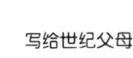 写给世纪父母

 成长需要空间
创立和谐宽松的环境,要从尊重孩子开始

徐力第一句话就说:"在家里,我没有一点秘密,我很压抑。"

"我的父母总是把我当小孩看,把我管得很死。我家是两居室,我有自己的房间,但是我没有自由的天地。我家没有一个抽屉是带锁的。我以前有写日记的习惯,有时会把不愿讲的事情记在日记里,放进抽屉。但我的任何东西母亲都要翻看,我一点小秘密都没有。有一次,我把偷偷出去和同学滑冰的事情写到了日记中,母亲在我外出时偷看了我的日记。等我回来,她骂我怎么这么不听话,狠狠地打我的脸、打我的腿。我从此再也不写日记了。"

"你和妈妈的矛盾,是从什么时候开始尖锐化的?"我问。

"是上高中以后。在家里,我感到母亲处处在监视我。家里的电话铃响了,我没有资格去接,都是她先去接。有时同学打电话找我,她总是问'你是谁?你找徐力有什么事',问得清清楚楚,才把听筒给我。我跟母亲说过不要这样,但她说:'你可能在外面交坏朋友。'根本听不进我的话。后来,同学们都不敢给我打电话,还嘲笑我说:'徐力呀,谁敢给你打电话?你妈太厉害了!'我有时觉得孤单,想打电话给同学,母亲就说:'有什么事在学校都讲完了,还有什么好说的,打什么电话?'"

如果没有仇恨,孩子应该是不会打死自己的母亲的。于是我问:"你是否因此恨你的妈妈?"

徐力说:"恨谈不上,只是压抑感越来越强。我很爱打球,可母亲不让我打球,只让我在教室里学习。读高中后,每天都有晚自习。晚自习前有一段时间,同学们可以在外面打打篮球。母亲经常到学校来,监

视我是在学习还是在玩。她希望我把所有的时间都用来看书学习，课外活动时间也学习。我有时多玩会儿，晚了十分钟回家，妈妈也要骂我、打我。她经常打我，用棍子、皮带、扫帚，有时把扫帚都打断了，我也不还手。我曾经跟她说我的理由，但她从来不听。"

我问徐力："你在家挨打的事，同学们知道吗？"

"同学们不知道。家里的事，不可宣扬。我也不想找人谈心，基本上是把事憋在心里，或者到外面去大喊几声，排除内心的苦闷。"

"你从什么时候开始对妈妈不满的？"

"上高中以后。母亲要求我每次期中、期末考试的成绩都要排在班级的前十名，考不到，她就打我、骂我。我喜欢踢足球、看书、看电视，但妈妈认为这些都影响学习，老是阻止我。在学校与同学交往，他们谈些新闻、电视剧，我什么都不知道，插不上嘴。我想看看报纸，妈妈说，高考又不考报上的内容。每到周六和周日，她也不让我出去玩，就是让我学习。我厌倦了，生活太单调了，我觉得学习学得很不开心，活着没有什么意思……"

"你和母亲的矛盾是怎么激化的呢？"越来越接近真相，我的提问便越来越小心。

"那天中午，吃过午饭，我见母亲开着电视机在卧室里织毛衣，我想过去看几眼电视。母亲像往常一样又开始说我：'我告诉你，考不上大学，我不会给你第二次考大学的机会。期末考不到前十名，我就打断你的腿。反正你是我生的，打死了也没关系……'我心里很委屈、很愤恨，我觉得我已经很用功了，她怎么还这么说我呢？我一声不吭拎起书包往外走，走到门口看到鞋柜上有一把铁榔头，于是我冲进卧室，就……"

这时，徐力的声音越来越低。我没有继续往下问，不忍心再让他想起那残忍的一幕。

"事情发生后，你又做了些什么呢？"我很想知道，一个十几岁的少年打死母亲以后究竟是怎样的一种心理。

"我一个人在大街上跑了两个小时。我不知道自己为什么做出这样残忍的事情。我的脑子里一片空白,头也很昏。跑着跑着,我忽然想起,那是我母亲,我得去救她!等我跑回家,我母亲已失血过多,生命不可挽回了……"

屋子里一片沉寂,空气仿佛也凝固了。

"看到母亲的样子,我害怕极了。"他继续说,"这时,我看到一个放衣服的箱子,就把衣服掏出来,塞到床底下,把母亲的尸体放进箱子……然后我去了录像厅。那天晚上,我没敢回家,去了一家旅馆,住了一个晚上。星期五,父亲回来了,他每周只回来两天。我没有勇气告诉父亲发生的事情。我说,母亲出差了。我想,拖一天算一天吧。星期五、星期六我睡在家里,母亲的尸体就在我房间的隔壁,我只觉得心惊肉跳。父亲一走,我锁上门也走了,住到同学家里。1月26日,父亲又要回来了,我再也不敢回家,就去了义乌。其实,我在义乌没有任何亲人和熟人。我刚在旅馆住下就被抓了。"

屋子里又是一阵沉默。

"你知道你是怎样长大的吗?"我问。

"在看守所里,我常常想着自己是如何长大的。记得有一个晚上,我突然发高烧,要马上送医院。母亲背起我,一步步走到医院。我小时候很胖,母亲背我很不容易。母亲生我的时候,本应该剖腹产,但她听人说剖腹产对婴儿不利,强忍着剧烈的疼痛把我生下来。那时,她走路都非常小心。她爱吃辣的,但听说辣东西对胎儿不利,便再也不吃辣的。每当想到这些,我就非常感动。我觉得母亲对我花的心思太多了。"

我以为徐力不知道这些,没想到母亲对他的爱,他心里还是很清楚的。我对徐力说:"你想过没有,在这个世界上,有不少孩子生活在不幸的家庭中。有的孩子的父母长期瘫痪在床上,有的则是精神病,但这些孩子却很孝敬父母,每天给他们洗脸、做饭、干家务,哪怕有再多的委屈。因为他们知道,父母生他们养他们不容易!"

听到这里,徐力哭了,哭得很伤心。他说:"我是个畜生,竟然用自己的双手把母亲'送走'了,我十分后悔……"

当天下午,我登上了全国少工委和金华市团委、少工委举办的素质教育报告会的讲台，我讲的题目是《为了孩子们的今天和明天》。能容纳1700人的会场里坐满了人。

报告会后，一个初二的女生走上台，满脸郑重地对我说："我看过中央电视台《新闻调查》节目对徐力事件的报道。我当时就对我妈说：'妈，我怎么越看越觉得您像徐力的妈妈呀？'我妈说：'那你也用铁榔头把我打死算了！'我对她说：'我不会像徐力那样把您打死，可您的确很像徐力的妈妈！'"

这个女孩的话，使我倒吸了一口凉气。更让我感到震惊的是，在金华，我听到了许多类似的说法。

徐力的同班同学说，他妈妈也像徐力的妈妈一样，整天逼他学习；他的家庭也类似徐力的家庭，没有欢笑，没有交流，没有自由的天空。

他们同情徐力，是因为他们同徐力一样，在家里有一种压抑甚至是窒息的感觉。的确，徐力从小是在非常压抑的环境中长大的，在家里没有秘密，没有自由，没有应该属于他这个年龄的快乐——这种环境的制造者正是徐母。强烈的占有欲和过高的期望值，使徐母对儿子的爱扭曲了。她把儿子看成是自己的私有财产，以为生下了他就拥有了他，他的一切行动都要听从自己的指挥，甚至将自己的意志强加给他，认为"反正你是我生的，打死了也没关系"。在这种错误心理的驱使下，徐母把对儿子的关爱，扭曲成监视和压迫，使儿子在生活中失去了自由，在同学中失去了面子，人格尊严受到严重的伤害。

孩子的心灵世界是靠人格尊严支撑的，在高压之下，孩子永远没有被尊重的感觉。一个人没有被尊重的感觉，他就不会去尊重别人，不会去遵守社会的规范。从小到大，徐母对儿子的看管、监视、打骂，早已把儿子的尊严消磨得荡然无存，促使他一天天地走向毁灭！事实上，徐力的良知已经在他杀死母亲之前就丧失了。失去了尊严，正是那些在压抑中长大的孩子更容易发生暴力行为的原因。

徐力事件发人深省。徐力家庭发生的事件虽是个案，但相似的家庭也隐藏着危机，有的家庭甚至藏着悲剧的隐患！

今天，有徐母这种心态的父母不止一个，有徐力这种心态的孩子也不能说没有。在物质生活条件越来越好的今天，孩子成长却出现了"三大三小"的现象，即：生活的空间越来越大，生长的空间越来越小；房屋的空间越来越大，心灵的空间越来越小；外界的压力越来越大，内在的动力越来越小。

遏制家庭关系的沙尘暴，治理孩子心灵的荒漠，要从解放孩子的生长空间开始。著名教育家陶行知先生早就呼吁过："解放儿童的创造力，解放儿童的头脑，解放儿童的空间，解放儿童的双手，解放儿童的时间，解放儿童的嘴。"如果我们做父母的把给予孩子自由的时间看作对孩子的施舍，那便是对孩子心灵的摧残。因为，从小在压抑和施舍中长大的孩子失去的不仅仅是自由，还有人的尊严。

解放孩子的前提是尊重孩子。人类最不能伤害的就是自尊。在家庭中建立起亲情乐园，创造和谐、宽松的环境，要从尊重孩子开始，要从尊重孩子的秘密开始。

 **成长需要理想**

理想,是孩子心灵世界的阳光

理想,是孩子心灵世界的阳光。失去了阳光,心灵世界就会是一片黑暗。

作为"知心姐姐",我曾接过好几名要自杀的少年打来的电话。他们共同的感受是"活着没有意思"。

一个自杀未遂的女孩对我说:"早死晚死,早晚都得死。早死了,一切都能够解脱,您说是不是?"

我说:"道理是这样,人总是要死的,但人并不是为了死而活着呀。'人固有一死,或重于泰山,或轻于鸿毛。'那些为人民做了好事的人,死得有意义,死了还被人民纪念。你才13岁,正是大好的年华,又那么聪明、善良,以后会有机会做许多事情,你现在死了,该多么可惜呀!"

女孩说:"您说得也对。可我活着,我妈太累了。我妈工作那么忙,还整天为我操心,天天要管我,我死了她也就省心了。长痛不如短痛,我死了,他们顶多难过几天,可一辈子就轻松了!"

这个从死神手中抢救回来的女孩,是那样善良,又是那样幼稚。她不明白的是,一个人活着,到底有什么意义,生命的价值究竟在哪里。

这又使我想起另一个14岁的少年。他身材高挑、相貌英俊,是学校的"三好学生"、班里的班长。他在生活中也遇到了与所有同龄人相同的困扰。

有一天,他看了一个电视节目,记者现场采访一个偏僻乡村的放牛娃。

"你在这儿放牛做什么?"

"让牛长大!"

"那牛长大以后呢?"

"卖钱,盖房子。"

"有了房子又做什么?"

"娶媳妇,生娃。"

"生了娃呢?"

"让他也来放牛呗!"

没有想到,这几句简单的问答,却诱发了这个少年的死亡念头。死前,他在日记中写道:

"看了电视,我想到了自己——我为什么读书?考大学。考上大学又为什么?找一份好工作。有了好工作又怎样?找一个好老婆。然后呢?生孩子,让他也读书,考大学,找工作,娶媳妇……生命轮回,周而复始。"

"这样的生活没有意义,这样的生命没有价值。"——这个14岁的少年得出了这样的结论。夜里,在与父母一墙之隔的房间里,他服毒自杀了。

一个个花季少年的自杀,一朵朵花蕾的过早凋谢,冷酷的现实给只关注孩子成绩的父母们敲响了警钟:决定孩子一生命运的,不是分数,而是理想。

今天,面对学历至上的社会,父母也很无奈。谁不希望自己的孩子上个好大学,找个好工作,有个好前途呢?可是靠考试得到高分数就能过上美好的生活吗?

父母过高的期望、过大的压力,使许多家庭"穷"得只剩下"分"了——感情贫乏,亲子之间的话题只有考试、考试、考试,成绩、成绩、成绩。家里失去了欢笑,也失去了应有的亲情。全家人围着"分数"转,孩子考试分数高,全家便喜洋洋的;孩子考试分数低,全家人的心情就变得十分低落,家庭关系也随之十分紧张。就像一个孩子形容的那样——家里处于"一级战备"状态,"战争"一触即发。有个孩子考完试,老师让把卷子拿回家签字。第二天,老师问家长是什么态度,这个孩子站起来说:

"昨天晚上，我遭遇了一场'男女混合双打'！过去是'单打'，现在该出手的都出手了！"

分数像一座山，重重地压在孩子和家长头上，极大地限制了孩子的发展，使孩子成了挣分的机器、分数的奴隶。

设身处地为孩子想一想，在这样的环境中，哪会产生美好的理想？理想的种子，要生根、发芽、长大、开花、结果，必须有阳光雨露的滋润。在没有"阳光"、没有"雨露"的生活环境里，理想的种子要想发芽，难——太难了！

其实，家庭是培育孩子美好情感和理想最好的温室。在童年和少年时代，孩子在家庭里生活的时间最长，和父母在一起的时光，应该是他们一生中最美好、最难忘的记忆。父母对人生的态度，直接影响到孩子。如果父母整天活得很累、很悲观，每天向孩子发出的都是负面信息，那么孩子自然会产生"活着没有意思"的想法。一个家庭快不快乐，不看这个家庭有没有钱，孩子是不是能够考上大学，而是要看家庭成员之间有没有一个积极向上的心态。

有什么样的家庭，便有什么样的孩子。"问题父母"往往会培养出"问题少年"或者心理不健康的孩子，"快乐父母"往往会塑造出"快乐少年"或者心理正常发展的孩子。

因此，根治孩子情感世界的荒漠，其根本办法是改变成人对人生的态度，丢掉补偿心，找回平常心，"顺其自然，无为而治"。

要知道，孩子自有他们自己的世界，也有属于他们自己的未来。让孩子快乐地做他们自己的事情，他们自然会体味到"活着真好"。

成长需要体验
正是父母的短视，剥夺了孩子体验成功的权利

今天，许多孩子的心理世界之所以由荒原成为沙漠，就是因为他们从未或者很少有过"我能行"的体验。

我问徐力："在你的记忆中，有哪些值得自豪的事情吗？"

徐力说："我曾经是班上的班委，但妈妈说会影响学习，让我辞去了班委的职务。我自己其实很乐意去做。学校附近有一个老奶奶无儿无女，走路都困难，我和几个同学轮流帮她做饭。我觉得自己还有点用。可妈妈听说后，不让我去了，说这样会影响我考大学。"

"你觉得，你妈妈有没有很需要你的时候？"我问他。

徐力说："在家里，妈妈不要我帮她做任何事，只让我学习。不过也有需要我的时候。妈妈身体一直不太好，每当爸爸不在家的时候，她就让我帮着搬煤气罐。这时，我觉得自己长大了，还有点用，像个男子汉……不过，这样的机会不多。"

在徐力17年的记忆中，只有这两件事让他感到自豪：一是帮无儿无女的老奶奶做饭，一是帮有病的妈妈搬煤气罐。做这些事让他有同样的感受："我还有点用！我能行！"这是一个男子汉成人的开始。

遗憾的是，徐母没有认识到这种感觉的可贵，而认为这样的事与"考大学"无关，阻止儿子继续去做。但她做梦也没有想到，自从阻止孩子去帮助别人那天起，她就在孩子心中埋下了无情的种子，关闭了孩子走向幸福的大门。因为人在帮助弱者时，最能体现个人的价值。

追求体现个人价值，是人类进步的表现。当我们回忆自己童年生活时，记忆深刻的不是哪次考试得了100分，而是自己亲身经历过的事情，自己亲自设计、参与过的活动。自己"秘密"地做的那些事情，不

论是好事还是淘气的事，只要是自己想干的、爱干的、干成的，都会终身不忘，这就是体验。

实践的体验对一个人的成长至关重要。对于一个未成年的孩子来说，成功的体验要比失败的体验更加重要。你不跑起来，怎么知道走是多么缓慢；你不飞起来，又怎么体会到爬行是多么辛苦！对于成人来说，如果你真爱孩子，就要帮助孩子去实现他人生的第一次"我能行"的体验，而不是让他在"我不行"的心态中长大。成功的基础是自信，喊着"我能行"长大的孩子，能力肯定要远远超过背着"我不行"包袱长大的孩子。

我们在帮助孩子去体验"我能行"时，有三个问题要特别引起重视：

一、是重做"官"，还是重做事

2000年2月，河南安阳市一个学生家长因为自己的儿子没有当上班干部，没有评上"三好学生"，就带人对班主任大打出手。这样个别的例子，却也反映了当今父母的另一个误区，那就是把当干部看成是成功的标志。这是大错特错的！要教育孩子从小学会做人，学会做事。

同年4月，我去了湖北宜昌市得胜街小学，发现他们在素质教育方面做得很出色。学校提出一个口号"让我们自己来"，在班级实行"事事有人做，人人有事做"的办法，把班级所有事情分给每一个学生。比如，有的同学是"玻璃保管员"，有的同学是"黑板管理员"……有个孩子自豪地对我说："我被选为'吸尘器'了！其实就是'小小垃圾管理员'。"

小岗位，让孩子们有了大责任。唤醒孩子们沉睡的主体意识，这对成长中的孩子来说，是十分重要的。

二、是重结果，还是重过程

有的父母阻止孩子看书看报、参加课外活动，有一个不变的理由——"考大学也不考这个"。有这样想法的父母，对孩子的要求十分单一："只要你能考高分，考上大学，我一切都可以给你！"甚至可以为此牺牲自己的工作和幸福。殊不知，这种"过度保护"无法使孩子正常成长。成长需要过程。正是父母的短视，剥夺了孩子体验成功的权利；正是孩子很少有机会体验成功，他们的心灵世界才由荒原变成了沙漠。

三、是替孩子干，还是让孩子自己干

有个初中女孩和当记者的妈妈一起去参加夏令营，下火车时，她把重重的行李交给妈妈提，妈妈欣然接受；到营地，妈妈出去采访，女孩到处找妈妈，说自己的药放在妈妈那里了。妈妈回来后被女儿责怪，却一个劲儿检讨，说是自己的过错。我问这个女孩：

"行李为什么不自己拿着？"

女孩坦然地说：

"这些事从来都是妈妈干的。"

许多父母就是这样心甘情愿地为孩子干这干那，而孩子却不"领情"，天天喊着"我很烦"，认为这一切都是父母的过错。今天做父母的累就累在不知道自己该干什么。

有个男孩要去山区参加为期两天的野营。临行前，妈妈问儿子是否需要帮助。儿子骄傲地说：

"我会自己照顾自己。"

晚上，妈妈悄悄检查了他的行李，发现他没有带足够的衣服，因为山区要比平原冷得多。又发现他没带手电筒，这是野营很需要的东西。

第二天，儿子要出发了，妈妈问："东西都带齐了吗？"

"都带齐了，您就放心吧！"儿子自信地出了家门。

妈妈目送儿子上路，什么都没说。

几天后，儿子回来了。

妈妈问："怎么样？很开心吧？"

儿子说："很开心，就是衣服带得太少了，而且我没带手电筒，每

天晚上要向别人借才能出去,这两件事让我很狼狈。"

"为什么衣服带少了呢?"

"我以为那儿的天气和这儿一样呢,没想到山里会比这儿冷。下次再去,我就知道该怎么做了。"

"那手电筒又是怎么回事?"妈妈又问。

"我想到了,老师也告诉我们带手电筒,可是忙来忙去就给忘了。我想,下次野营时,先列一个单子,就像爸爸出差前准备东西一样,这样就不会忘了。"

失误也是一种经历。这个妈妈懂得让孩子在失误中学习,她没有包办代替,也没有横加指责,而是让孩子去承受由于自己的粗心和考虑不周带来的麻烦。于是孩子获得了人生中最珍贵的礼物——体验。这种体验是用金钱买不来的,也是大人代替不了的。我们可以代替孩子干这干那,但代替不了孩子成长。

写给世纪父母

 **成长需要沟通**

走进孩子的心灵,不是靠怀疑、监视,而是靠沟通

与成人沟通,是今天的孩子,尤其是独生子女特殊的精神需求。他们从小生长在"成人世界"里,是家庭的"个体户",他们渴望被尊重、被信任、被理解,更渴望与父母沟通,与父母建立伙伴关系。但父母往往不理解孩子的心,他们很奇怪:"你想要的我都给你了,你还要什么?"久而久之,孩子渴望沟通的大门关闭了,有的甚至永远也打不开了。

要想走进孩子的心灵,就要靠沟通。良好的沟通能使我们在家庭中建立良好的人际关系;反之,不良的沟通则会破坏这种关系。

在一次刚刚结束的讲座上,我还没走下台,就被家长和孩子们团团围住。一个50多岁的男士拨开人群来到我面前,流着泪对我说:

"给我一点时间,我要带我儿子来见您。"原来,就在前一天晚上,因为儿子半夜才回家,他第一次动手打了儿子,扫帚都打断了,但儿子宁可忍受疼痛,也不肯说出自己去了什么地方。

望着这个年龄与我相仿、面容憔悴、泪流满面的汉子,我没有任何理由拒绝他的要求,尽管我的日程安排得很紧。我们约好下午5点半到6点与他儿子见面。

5点半,他一家人都来了,每个人都是眼泪汪汪的。夫妇二人把儿子领到我的房间就出去了。

这是一个胖胖的男孩,正上初二。他一脸稚气,用手托着脸坐在我对面的沙发上,那神态很像我的儿子。

"昨晚到哪里去了,让你爸爸那么着急?"我直截了当地小声问。

"去网吧了。"男孩向我道出真情,"昨天是周六,我和一个男同学约好5点半在路口见面，一起去玩，可他失约了，没有来，我一个人待着没劲，就去网吧了。"

"网吧的环境不太适合中学生，那里有些东西对你们不好……"我担心地说。

"我对别的不感兴趣。我主要是玩游戏攻关，攻下关来好跟同学去吹牛。"男孩的坦白让我对他很同情。是啊，哪个男孩不想在同学面前表现出自己很行呢？

"可是，我玩着玩着忘了时间，一共玩了五个小时，一看表已经是深夜一点了。"男孩讲述着头天晚上的事情，我静静地听。

"我很害怕，硬着头皮往家赶，走到家门口，我不敢进去，跑到河边站了很久，最后还是回去了。"

"回家以后怎么样呢？"

"我爸在外面找我找了好几个小时，也是刚刚回到家。他又急又气，问我干什么去了。我说去同学家了。我爸就拿起扫帚狠狠地打了我……"

"那是爸爸第一次打你吗？"

"是的。"

"听你爸说，扫帚都打断了，一定很疼吧？打什么地方了？"我关切地问，好像挨打的是我自己的儿子。

"打大腿和屁股中间。疼倒是没有什么，只是我第一次看到我爸这么着急，我很难过……"男孩说着，用手捂着脸，呜呜地哭了起来。

我连忙递给他一条毛巾，可不知道怎么回事，我的泪水也跟着流了下来——自己挨了打不在乎，在乎的是让爸爸着急了。多么善良的孩子！

"你能体会爸爸的心就好。你爸爸都50多岁了，你才上初中，也就是你爸爸快40岁了才有了你，能不爱你吗？你跟他讲实话了吗？"

"没有。"孩子哭得更伤心了。

"待会儿马上把实情告诉爸爸妈妈，请求他们的原谅。你要是爱他们，就不要让他们再为你操心呀！你家里有钱买电脑吗？"为了让他不再哭，我转了个话题。

"二手电脑3000元一台,我家才攒了1000多元。"男孩回答。

"慢慢攒,攒够了钱买一台,自己在家里玩会安全得多。"我很同情这个爱玩电脑的孩子。

"我会节省钱的。我以后不会让父母操心了。'知心姐姐',您相信我吗?"男孩用渴望的眼光望着我。

"你是个善良诚实的孩子,'知心姐姐'当然相信你。我想,你爸爸妈妈也会相信你的。一会儿就把实情告诉他们,好吗?"我拍拍他的肩,给他鼓励。

"好。"男孩点着头。这时,时针已经指向6点,他的爸爸妈妈走了进来。

"你有一个好儿子。"我对男孩父亲说。

这个父亲深深地给我鞠了一躬,泪水不停地往下流。

"如果今天没有见到您,我真不知道这件事怎么收场,不知道应该怎样再跟儿子相处。"

"没什么,以后家庭中不管出现什么问题,父母、孩子都坐下来谈一谈,做父母的要用心听孩子说,而孩子呢,也要实话实说。"

当父亲听了我买电脑的建议时,便说马上去买。我制止了他:"事到如今,只能等攒够了钱再买,教育也要有个过程。"

一家三口高高兴兴地离开了。

事后我想,假如我没有与他们一家人相遇,事情会发展成什么样子呢?孩子死活不肯说出实情,爸爸又非要问清楚不可。僵持下去,后果不堪设想。

所以说,学会沟通,对父母和孩子来说,实在是太重要了!

当新世纪的太阳升起的时候,我听说徐力已由原来的15年改判为12年。同时,我还收到他从少管所寄来的信。信中写道:

> 您在与我的谈话中对我的开导和教育使我受益匪浅。我觉得现在的孩子对父母普遍存在着距离感,主要是孩子与父母沟通的时间不多,心中的一些不悦和困惑无人倾诉。再加上现在

的父母在对孩子的管束上普遍偏紧，特别是在学习上，只注重孩子的成绩和名次，不去了解孩子的内心世界。这种过高的要求会使孩子的压力越来越大，并且在一定程度上造成心理上的畸形，这对于孩子的成长将构成严重的影响。

所以我希望全世界的父母能够多关心孩子，不仅在物质上，更重要的是心理上的抚慰。让孩子真正拥有一个倾诉的对象，在孩子与父母之间建起一座沟通的桥梁。

我就是没找到与父母沟通的正确途径，所以才酿成今天的悲剧。我真的不想让这种悲剧重演。我希望"知心姐姐"能把我的切身体验告诉所有的父母和孩子，这也是我现在唯一的心愿。

徐力的心愿，也是"知心姐姐"的心愿：让所有的人都拥有一个幸福的家庭！让所有的家庭都成为"知心家庭"！

 写给世纪父母

 成长需要肯定
每一个成长中的孩子,都渴望得到肯定

责骂,在父母看来是平常的小事,但是对于孩子来说,父母责骂不休,便是自己的"世界末日"。孩子的成长需要肯定,肯定是孩子生命中的阳光。

齐齐哈尔有个母亲给我打来长途电话,说:"我的女儿上初一,考试时总是马马虎虎,老是丢分,我每次都要狠狠地说她,可她就是不改,怎么办?"

我问这个母亲:"孩子认真的时候,你表扬过她吗?"

"可是她很少有不出错的时候啊!"

"是呀,你的孩子只受过因为马虎过失的责骂,而没有品尝过因细致成功的肯定与夸奖,那她当然不会有进步的愿望啦!细致,应该是女孩特有的优点。我希望你能找回孩子失去的优点。办法只有一个:肯定她!"

"你讲得对,可我的孩子就是没有上进心啊!"

"丧失上进心的孩子,是因为在有上进心的时候没有得到父母及时肯定和夸奖。我建议你改变一下自己的眼光,关注孩子的优点、进步,让孩子找到被肯定的感觉。"

"谢谢你的建议,我一定试试。"这个母亲十分虚心。

几天以后,她又打来电话,高兴地告诉我:"'知心姐姐',真的很感谢你。你的办法真灵,我尽量肯定她的长处,她的学习果然有了很大的进步,也真的有了上进心!"

许多父母总是认为,严格要求就要靠责骂,只有这样,孩子才能进步,其实不然。有心理学家曾经做过一次心理测验:把孩子分成 A 和 B

两个组，分别考他们同样的问题。过了三天，再度去那所学校，告诉 A 组同学：

"上次考试成绩非常好，今天再考一次，你们千万不能输给上次，好好考吧！"

又对 B 组的同学说："你们上次成绩很差！怎么行呢？这次必须反败为胜才行！"

结果，原本成绩相当的两组，得到肯定和夸奖的一组，第二次测试成绩很好；受到责怪后再考的那一组，成绩很不理想。

有的父母虽然明白了"责骂孩子不好，肯定和夸奖才会使孩子变得更好"的道理，可是自己却做不到。眼看孩子不用功学习，甚至捣乱，不骂他反而夸他，这的确很难做到。此刻最重要的是，必须充分地理解孩子、相信孩子。

那时候浙江万里教育集团董事长徐亚芬，是一名事业上十分成功的女性，同时也是一名出色的母亲。一次，我去宁波参观她的学校，她对我谈起了自己教育孩子的事情，令我大受启发。

徐亚芬的儿子上小学时，语文成绩很好，但不爱学数学，所以数学成绩较差。一次，儿子从学校回来，对妈妈说："学校给我们测智商了。老师说我右脑比左脑发达，形象思维能力强，数字概念差，所以我的语文成绩比数学好。看来，我的数学成绩是上不去了。"

徐亚芬惊讶地说："是这样吗？有空我去问问老师。"

她真的去了学校，找了班主任，并暗地里与班主任达成了一个约定。几天后，徐亚芬十分认真地对儿子说：

"儿子，告诉你一件大事，我去学校问过老师了，老师说他搞错了，你是左脑比右脑发达，学数学会比学语文强得多！"

"是真的？老师真是这么说的？"儿子睁大眼睛，兴奋极了。

"是呀，老师说，他看错结果了，他说的是另一个同学而不是你，你是左脑比右脑发达。"

儿子信以为真，真的认为"我的数学一定能够学好，我很行"。这使他完全改变了对自己的看法，从此，在学数学的时候，恢复了自信，提起了精神。

所以，对父母来说，重要的是信任孩子所拥有的潜在力量，只要能充分发挥这一力量，孩子就会成为了不起的孩子。

夸孩子也要会夸。不能简单地戴高帽，那样会引起孩子的反感。记得有个男孩曾对我说，父母不在家的时候，他一个人把家里收拾得干干净净，想给妈妈一个惊喜。妈妈一回来，高声说：

"你真是个爱劳动的好孩子！"

一听这个，他就烦了，马上扫兴地说了一句："真没劲！"

而另一个妈妈不是这样，她六岁的女儿常常爱在家里没人时收拾房间。妈妈回来了，总是惊讶地说：

"哎呀！这么干净啊！这是谁干的？"

于是，女儿从门后跑了出来。妈妈自言自语地说：

"真没想到是你干的，你真了不起！"女儿高兴极了，觉得自己很行，下次妈妈出门，她还继续这样做。

当然，这种办法只适用于儿童期的孩子。孩子小的时候，你可以直截了当地说："你真了不起！"但如果他们长成青年了，你再这么说，他们八成会认为你要叫他们做事而不理你。所以，最好的办法是把他们做的事情带着夸奖的语气说给别人听，但又要让他们听到，让他们感觉到"骄傲"。每一个成长中的孩子渴望被父母肯定，被老师肯定，被社会肯定。只要能针对孩子的优点去夸奖他、肯定他，他就会变得更好。

我经常听到父母们为了孩子大伤脑筋而发出的叹息声。这是因为你想着他很差劲，所以他才真的很差劲。如果你能换一种想法，确信"孩子哪有差劲的道理"，并用这样的心态去指导孩子，我想他一定会变得更好。因为孩子不可能由父母或老师来"改造"他，必须让他自己来"改善"自己。不管你心里对孩子有多少企盼，想如何去改造他，并且用各种办法改造他，仍是徒劳无功的。因为你想改造他这个想法本身就错了，即使你多方为他设想，他也好不了。因此必须相信这一点，放手让孩子自己去改善自己，他不想变化也是不容易的。面对我们身边那些反应慢或爱捣蛋的孩子，绝对不可以打骂，他们更需要肯定。对于那些犯了错误甚至犯了罪的孩子来说，充满希望的鼓励会使他们扬起生活的风帆。

对孩子来说，家庭教育、学校教育、社会教育，三者缺一不可。要让今天的孩子成为21世纪社会主义建设事业的优秀人才，迫切需要调整我们教育孩子的方法，改善孩子成长的环境。

第三章

父母该丢掉什么——不健康心态

人是环境的产物。环境可以塑造人,也可以改变人。良好的环境可以帮助人成功,恶劣的环境会使人窒息。

环境是人创造的。家庭环境是父母和孩子共同创造的。宽松、和谐的家庭环境,培养出的是身心健康、性格开朗的孩子;紧张、压抑的家庭环境,有可能培养出有心理障碍、心胸狭窄的孩子。

有一个心理学家精辟地概括了孩子与环境的14种关系,其中有七种不良环境,有七种健康环境。请你对照一下,你的孩子是在什么环境中长大的。

1. 指责中长大的孩子,将来容易怨天尤人。
2. 敌意中长大的孩子,将来容易好斗逞能。
3. 恐惧中长大的孩子,将来容易畏首畏尾。
4. 怜悯中长大的孩子,将来容易自怨自艾。
5. 嘲讽中长大的孩子,将来容易消极退缩。
6. 嫉妒中长大的孩子,将来容易钩心斗角。
7. 羞辱中长大的孩子,将来容易心存内疚。
8. 容忍中长大的孩子,将会极富耐心。
9. 鼓励中长大的孩子,将会充满自信。
10. 嘉许中长大的孩子,将会爱人爱己。
11. 认同中长大的孩子,将会掌握目标。
12. 分享中长大的孩子,将会慷慨大方。

13. 友善中长大的孩子，将会对世界多一份关怀。

14. 安定中长大的孩子，将会有平和的心境。

家庭的建立，不仅预示着一种人际关系的确立，而且预示着一种家庭伦理关系的形成。在家庭关系中，成人是起主导作用的，因而，要改善父母与子女紧张的、不和谐的关系，先要改变我们自己；要提高孩子的素质，先要提高我们自己。

作为父母，我们那么爱自己的孩子，但是这种"超重的爱"把孩子压得喘不过气来。他们一方面获得过多的爱，另一方面又感到压力过大，过早、过多地品尝到了人生的不幸、生活的重负和竞争的惨烈。面对一幕幕悲剧的发生，难道我们不应该认真想一想，我们给予孩子的爱是不是适当？我们的教育方法是不是科学？我们今天应该丢掉什么？又应该找回什么呢？

我想，我们最应该丢掉补偿心，找回平常心；丢掉反常心，找回正常心；丢掉虚荣心，找回责任心；丢掉惧怕心，找回保护心。

丢掉补偿心 找回平常心
不做人上人，要做人中人

做父母的本应该有颗平常心。因为，生儿育女是最平常的事情。

可是，我们这一代做父母和我们自己的父母不同，因为我们大多只有一个孩子。我们生长在特殊的年代，失去太多，因此竭力想让孩子去实现我们自己没能实现的人生理想，竭力想把自己小时候没有得到的物质享受补偿给下一代，我们把全部的希望都寄托在这唯一的孩子身上了。于是，强烈的"补偿心"占据了心头，"望子成龙"变成了"逼子成龙"。

有一次，我去贵阳开会。贵州电视台《女性话题》节目请我和六个家庭谈心，话题是——做个好妈妈。

一个带着女儿来的年轻妈妈讲得十分激动："'文化大革命'时，我刚刚上小学四年级，没有学到什么就下乡去插队了。我没有文化，返城后找不到工作，后来当了个体户，我丈夫也是个体户。我们挣了几个钱，舍不得吃，舍不得花，要留给孩子上大学。我一定要让孩子出人头地，成为'人上人'。可是，我的女儿不争气，上一年级，才给我考了80多分，我气急了，用绳子把她绑起来，吊到房梁上抽打。打昏过去了，我就用冷水把她泼醒。我气急败坏地朝她吼叫：'你记住没有，你要成为人上人！'女儿哭着喊着：'妈，你别打了，我一定成为人上人！'"

说到这里，这个年轻的母亲泣不成声。已经四年级的女儿坐在妈妈身旁，大滴大滴的泪水流了下来。

"你妈妈打你时，你是怎么想的？"我问女孩。

"我恨她，可我也理解她，她想让我成为'人上人'，也是为我好。"女孩委屈地回答。

"你现在能告诉我,什么叫'人上人'吗?"我又问。

"不知道!"女孩摇摇头。

女孩的回答,让在场的人们啼笑皆非。三年前,女儿挨了一顿毒打,至今还是不明白妈妈的期望到底是什么。

"平常人"就是心地平和、能与人和谐相处的心理健康的人。邓小平同志始终把自己看成是一个平常人。他有一句让老幼动容的话:

"我是中国人民的儿子,我深情地爱着我的祖国和人民。"

一位伟人把自己看成是平常人、"人中人",我们这些普通人,却又非逼着孩子去当什么"人上人"不可,这不是害孩子吗?有了这种心理,对待和教育孩子自然不可能既科学又冷静。为了让孩子当"人上人",许多家长逼着孩子拼死拼活考大学。考试成绩稍差,家长便冷眼相待;如果排名靠后,就会暴跳如雷,甚至大打出手。孩子承受着极大的思想压力,使他们对学习失去了兴趣。如此下去,孩子不仅没有成为"人上人",反而成了最没有志气的平庸之辈,变成了"人下人"。

培养平常人,要有平常心。

所谓做平常人,就是少给孩子提一些过高的、难以做到的要求,而是把人生的道理,用最平常、最通俗的语言讲给孩子,让他们自己去把握自己的命运。

在全国少工委和中央电视台组织的"民族好少年"评选中,我了解到一个农家妇女教子的故事:

> 大山里有一个上中学的男孩子,见家里生活实在太困难,产生了弃学的念头。一天,他对妈妈说:"妈,我不念书了,帮您干活养家。"这个不识字的母亲听了,一句话也没有说,把儿子带到玉米地里,掰下一个青玉米递给儿子。
>
> "好吃吗?"母亲问。
>
> "好吃。"儿子不解地回答。
>
> "青玉米是好吃,但是不能当饭呀!只有等玉米成熟了,脱下粒,磨成面,才能当饭吃。咱家再穷,也不能误了你的学业!"

男孩一下子明白了妈妈的心意：一个人有了知识，成熟了，才能在社会上发挥更大的作用。从中他明白了人生的道理——"志当存高远""志不强者智不达"。他立即返回学校，继续发奋读书，并立志用现代科学技术来建设自己的家乡。

这个农家母亲，虽然没有文化，但很会教育孩子，她知道母亲的责任不是逼孩子学习，而是教孩子做人。

所谓有平常心，就是让孩子快乐地成为自己。许多父母喜欢支配孩子，喜欢按照自己的愿望支配孩子的未来，逼着孩子委屈地去做他没有兴趣的事情。这样的结果只有两个：一是使孩子成为只能顺从地按照别人的意志办事、缺少创造力的人；另一个是引起孩子的反感，孩子与父母较劲儿，你让他朝东，他偏要向西，有的甚至走向了期望的反面。

仔细想一想，古今中外成大事、立大业者，有几个人是由父母安排的？马寅初的父亲给马寅初安排的前途是当账房先生，而马寅初选择的道路则是离开家乡，到上海、天津，再到美国求学，拿回耶鲁大学经济学博士学位，后来成为著名的经济学家。

有些事情的结果和你所想的相反，说怪也不怪。你想把孩子培养成"伟大"的人，但最可能的结果是孩子很平庸，连普通人也做不好；而如果你按照平常人的模式培养孩子，也许经过或长或短的历练，最后孩子真能成为一个"人物"。

有平常心的父母往往创造出平常之中的不平常。

中国台湾著名漫画家蔡志忠先生教育孩子的信念是——让孩子一辈子都快乐地"当自己"。他认为，父母并不是孩子本身，凭什么替孩子决定前途？尤其是依从父母的意愿而不是孩子内心的想法，这根本是"本末倒置"。他认为孩子的快乐是金钱买不到的，童年也不会重来，强迫孩子学习不喜欢的项目，那份痛苦会成为孩子心里抹不去的阴影。对女儿的教养，蔡志忠先生采取的是顺其自然、因材施教的办法。他曾送给女儿一个这样的小故事：

有一棵小番茄秧，人们告诉它，只要努力，就可以长得很高，结的果实像西瓜一样大，味道像香瓜一样甜，并且还会像苹果一样有营养。小番茄秧很努力地吸取养分，很卖力地做体操运动。结果，它的果实仍然只是小小的番茄。最糟糕的是，小番茄秧不再认为自己是番茄秧，它甚至连一点儿自信心都没有了。

蔡志忠说，他只要自己的女儿快乐地成为她自己，能够健康地长大，别的什么都不重要。对孩子抱有过高的期望，强迫他实现自己力所不能及的目标，不仅会让孩子感觉到迷失，更会戕害他们的心灵，这实在是大错特错。

不要把你的愿望强加在孩子的身上，不要等着让孩子来实现你自己的愿望。尊重每个孩子的不同，让孩子在规则中找到自己的路，留一个自由的空间，让孩子尽情地成长，完全地自我发展。你的孩子并不是你，你可以给他爱，却不能给他思想，因为他有他的思想。

 写给世纪父母

 丢掉反常心　找回正常心
拿自己的孩子和别人的孩子比是有害的

用反常的眼光看孩子,是当今父母普遍存在的问题。只要觉得自己的孩子不如别人,就怀疑自己的孩子有毛病。

那一年寒假,我在北京青年宫举办了"和爸爸妈妈一起听"系列讲座。有一天讲完后,我在大厅里进行心理咨询。一名军人爸爸带着上小学的儿子排在第三个,那个男孩看上去很老实。轮到他们时,这个爸爸很郑重地对我说:

"我的儿子有病!"

"你的儿子不是挺好的嘛!"我对这个爸爸有点不满,哪能当着孩子的面说他有病呢?

"我的儿子有多动症。"这个父亲认真地坚持着自己的看法。

"我刚才观察过你儿子,他一直没有乱动呀!"我说。

"他是神经性多动症。"

于是,我向他请教患"神经性多动症"的人是什么样子的。

"一会儿嘴角抽动一下,一会儿眼角抽动一下。"爸爸说。

我又看了一眼孩子。他爸爸没说他有病时他还是挺好的,说到他嘴角、眼角抽动,他的嘴角和眼角真的开始抽动起来。我笑着说:"男孩子当然好动了!"

可是,爸爸仍然执着地说:"我带他去过好多家医院呢!"

"医生怎么说?"我很关心检查的结果。

"医生说他没有病。"

"那你为什么还不放心呢?"

"治多动症的人说他有病呀!"

"那当然了，不说孩子有病，他们到哪里去赚钱呀？有的地方治多动症，一个疗程要收3000块钱呢！"

这时候，男孩子已经不耐烦了。他拿起桌上的书挡住嘴，小声对我说："'知心姐姐'，告诉你吧，我根本就没有病！"

我把他手中的书接过来，也学着他的样子，用书挡着嘴，小声对他说："对！你没有病，是你爸有病！"

因为当着孩子的面说孩子有病，这本身就是不正常。我不希望孩子的头上从小就笼罩着"有病"的阴云。

这倒使我想起一个外国男孩的事。他出生时就一条腿长，一条腿短。后来爸爸妈妈告诉他，所有的人都是这样，他们之所以跑起来那么自如，是下功夫练出来的。孩子的爸爸妈妈始终把孩子看成正常人，一样让他参加体育活动，一样让他去跑步……这个孩子虽然身体有残疾，可心理一直很正常。经过刻苦锻炼，成为了一名优秀的运动员。

这叫什么？正能量！对孩子来说，"有病"就是负能量，"没病"是正能量。在正能量中长大的残疾孩子，肢体虽然不健全，但心理是健康的；可是在负能量中长大的孩子，肢体虽然健全，可心理有病，总怀疑自己有病，时间一长，身体真会出毛病。

有个妈妈很不负责任，她的女儿一年级时成绩较差，她十分焦急。有一天老师对她说："你的孩子是弱智，送到弱智学校去吧！"这个妈妈信以为真，没有经过医生鉴定，就把女儿送进了特殊学校。上六年级时，女儿参加全区智力障碍学生运动会，获得了第一名的好成绩。结果一体检，医生说她是个完全正常的孩子，成绩不算数。记者闻讯前来采访这个假"智力障碍生"，问她这六年的感受。女孩说，刚刚来特殊学校的时候，觉得周围的人说话、走路都不正常，可没过多久，周围的人却认为她"不正常""有病"。她也开始学着智力障碍生走路、说话的样子，慢慢地，别人看她"正常"了，她就真的变成智力障碍生了。

可以说，是环境改变了人，把正常人变成了不正常的人。

如果父母有了反常心理，总怀疑原本正常的孩子不正常，自己总是处在紧张、焦虑之中，这样不仅影响自己的身体健康，还会影响孩

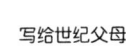

子的正常成长，使一些孩子小小的年纪就患上糖尿病、高血压、哮喘等疾病。

怎样让自己变得轻松呢？那就恢复正常吧！当你学会用正常的眼光、发展的眼光看孩子，你就会理解孩子的心理，原谅孩子的过失，看到孩子的长处，你就会发现"太阳每天都是新的"！

不要拿自己的孩子跟别人的孩子比较，要相信自己的孩子。今天的父母对孩子多有烦恼，少有惊喜，原因在于不是用心去赏识自己的孩子，而总是盯着别人的孩子不放。

一次，我去参加中华慈善总会的会议，听到了一件事。外国人领养中国孤儿，你给他一个孤儿的照片，他进了孤儿院，就直奔这个孤儿而去，抱起又搂又亲，如获至宝。至于别人领养的孤儿什么样子，他一点兴趣也没有。而有些中国人领养孤儿，先要求找个长得好看的，而进了孤儿院，抱起自己想要的孩子，眼睛却盯着别人怀里的，还说什么："哟！她的孩子怎么比我的漂亮呀？"

天下的父母们，赏识你们的孩子吧！

丢掉虚荣心　　找回责任心

父母的虚荣心，会给孩子带来伤害

今天的父母面对孩子时那么心急气躁，是因为什么？

虚荣！

孩子考试没考好，你觉得是让你没了面子，便拳脚相加；孩子没考上大学，是让你丢了面子，于是冷眼相待；孩子有了点成绩或考上了大学，是给你增添了光彩，于是到处炫耀，把孩子的一切和自己的荣誉连在了一起。把考高分的孩子当成往自己脸上贴金的招牌，把有缺点的孩子看成是自己的耻辱，把有特长的孩子当成自己的摇钱树，这是为什么？

是虚荣！是对孩子的不负责任！

有的父母甚至说："考不上大学你就别回家来！"这是多么不负责任的话！作为你的孩子，无论他犯了多大的错误，做父母的都不能说出这样的话。难道只有上了大学才有前途吗？有些父母看到儿女上了大学，尤其是上了重点大学，高兴啊，以为真是完成了什么重要的使命！但等待他们的又是什么呢？

在我儿子报考大学时，我曾经咨询过北京某著名大学的一名老教授：儿子究竟选择哪所大学好？

这名教授说："你把各学校的情况提供给他，让孩子自己决定。你不要替孩子选择，让他自己选择。"

接着，老教授流着泪向我讲述了这样一件事。

偏远地区有一个女生，学习特别好，人称"三脑袋"，物理、数学、化学都能考满分，列为某大学的保送生。而她的父母非让她报考另一所全国顶尖大学不可，她不想去，可父母逼

着她去,让她为家族增光。她违心地去了那所大学。

在入学后的考试中,她的成绩名列18。她这位当地的"状元"哪能承受得了这样的结果!妈妈在学校陪了她一个月,妈妈刚走,她就跳楼自杀了。

妈妈闻讯赶回学校,哭干了眼泪,一声一声地喊着:"是我害了我的女儿!我当初不逼她,也不至于到这个地步啊!"

每年,大学中自杀的学生不止一个、两个。如果这是你的孩子,你怎样对待?且不说孩子承受力如何低,单说家长一生的心血,不都付诸东流了吗?为了让孩子能够出人头地,家长真是操碎了心,什么事情都替孩子想好、办好,甚至把孩子的前途都设计好了。但活生生的现实向我们发问:你的那些设想和做法,符合社会的需要和孩子成长的规律吗?即使什么都替孩子打点好了,你能够真正替孩子把人生的路走到底吗?

世界上最长的路是人生之路。人生路上,每个人都有着自己的使命。那么,父母的使命是什么呢?

做孩子的知心朋友,陪孩子走一程。

可我们有些父母却忘记了自己"陪"孩子的使命,反而喧宾夺主,把"陪"变成了"替",把"配角"当成了"主角"。孩子上小学,替孩子收拾书包,背书包;孩子参加兴趣班,替孩子选兴趣;孩子去春游,替孩子在车上"抢"座位;孩子要考大学,替孩子选学校,选专业;孩子上大学,替孩子扛行李,收拾床铺……无怪乎有人说,孩子有点什么事情,最忙乎的是家长。

家长包办一切,孩子却没有事情可做了;家长情绪饱满、乐此不疲,孩子却早没有了兴趣,在一边"旁观"。

"减负"以后,我去北京几所重点小学和孩子们聊天,想听听他们说一说"解放"后的快乐感受。谁知,一个漂亮的小姑娘愁眉苦脸地对我说:"减负前,我妈给我报了三个兴趣班;减负后,我妈说这回有时间了,不能闲着,又给我报了两个兴趣班。我苦死了,哪有快乐呀!我真

第三章
父母该丢掉什么——不健康心态

是度日如年啊……"

像她这种情况的孩子不止一个。

一个男孩子告诉我："我爸逼着我学钢琴，我不爱学，他就打我，还说什么有了特长考大学可以加50分！"

我对他们说："能加分的只是极少数。每年全国报名参加艺术特长生测试的学生相当多，其中报考钢琴的占一半，而被各个重点大学降分录取的只有几个人，被选中的概率真是太小了。如果你不喜欢弹钢琴，单纯为那50分去拼命，我看不值。"

那个男孩说："您要是我爸就好了。我可说服不了我爸，我不知道我得熬到哪一天……"

家长们对设计孩子的未来兴致勃勃，孩子却觉得苦不堪言。家长替孩子着急，替孩子花钱，替孩子受累，到头来孩子非但不领情，反而感觉被爱得"死去活来"。

我们真应该冷静地想一想，我们让孩子学这个学那个，孩子不愿意学、不想学、不好好学，我们岂不是白花钱？

有个爸爸让孩子培养特长，将来好在上大学时加分，前后花了两万多元钱，结果孩子不但没有学出来，没有考上大学，反而对生活失去了兴趣，每天只想着自杀。这位爸爸真是追悔莫及，写信给我，求我救救他的儿子。

"替"和"逼"的背后是什么呢？

虚荣。

过去人们在一起比吃，比穿，比钱多，比家用电器高级；现在呢？发展到了比孩子：比谁家的孩子上了重点学校，比谁家的孩子考了高分，比谁家的孩子上了父母期望的大学……把孩子学业上的成就当成装饰品和向别人炫耀的资本。

前不久，我在一份家教报纸上看到一篇文章。

在我国一个偏远的小镇，有一个小学体育老师，一心希望儿子能出国留学光宗耀祖。但儿子分数差了一点，失去了出国

留学的机会。父亲着急得不得了,到处托人找关系,想让儿子早一点出国。最后,通过一个中间人,交了20000美金,终于把儿子"弄"到了美国。父亲逢人便说:"我的儿子出国留学去了!"

儿子出国以后,先后把自己挣的1000美金寄回了家。父亲立刻"牛"了起来,穿戴也讲究了。后来,儿子被打伤了。他给父亲打电话诉说了自己的遭遇,并提出要回国。父亲勉强同意了。儿子回来以后,父亲很不高兴,说:"你真不给我争气。我现在正在竞选校长呢,你偏偏这个时候回来丢我的脸!你最好找个没人看到你的地方待着去!"

这是个很典型的例子。从中我们可以看到,虚荣心是很可怕的东西,父母的虚荣心会给孩子带来伤害。正如一位名人所言:"虚荣心很难说是一种恶行,然而一切恶行都围绕虚荣心而生,都不过是满足虚荣心的手段。"

很多大人把孩子当成工具,为了实现自己未能实现的梦想,要求孩子为父母争面子,于是一味地要求、强迫孩子,不尊重孩子。殊不知,这也是对孩子心灵的一种摧残。

我们丢掉虚荣心,找回责任心的前提是——承认孩子不是父母的工具,孩子的生命是为了本身的目的而存在,父母只是陪着孩子走一段路程而已。

丢掉惧怕心　找回保护心
给女孩勇气，给男孩责任心

"爱孩子，这是连母鸡都会做的。"关键是要会教育孩子。

独生子女的父母更爱孩子，但有些父母却把爱变成了过度保护，产生了惧怕心，即：生了男孩怕变坏，生了女孩怕受害，每天为孩子提心吊胆。但是，你不可能整天围绕在他身旁，你有你的事业，孩子也有自己的生活空间。

大家还记得发生在北京的"流星雨事件"吧？一名女中学生由于没有自护能力，竟被一个假冒警察的坏人骗到小树林里杀害了；山西一个女大学生，大白天走在校园里，竟被一个声称"是教务处的"坏蛋骗到一所废旧房屋里强奸后焚尸灭迹。

一个个令人发指的恶性案件的发生，给我们敲响了警钟：做父母的要保护孩子，不只是用自己的臂膀，还要教给孩子自己保护自己的能力。

父母要特别关心自己的女儿。

父母要从小告诉女儿不要贪小便宜，不要随便接受别人的东西，不要跟陌生人走，更不要允许男性随便摸她。要告诉那些脖子上挂着钥匙的女孩子，一定要把钥匙藏好，不要让别人看到。

女孩子要从小培养勇敢精神，遇事要不慌不乱。

记得我在上初中时，就曾经遇到过一个流氓。那是一个冬天的傍晚，放学后我乘公共汽车回家。车上很挤，我感觉到后面有人老拱我，便警觉起来。我想起妈妈的话，遇到坏人别怕，要沉着。我慢慢往车门口挪动，没想到脖子上的大围巾却被那坏人悄悄拽住了。我没动声色，也没有回头看那人，担心自己害怕。

车一停,我"噌"地跳下车,同时使劲儿把围巾拽了出来,快步往家走。走着走着,我忽然发觉后面有人在跟踪我,可能是那个坏人也下了车。

这时,我又想起妈妈的话:"有人跟踪你的时候,你要往人多的地方去,不要往家跑,因为坏人要是知道你住在哪里,以后你就会天天处在危险之中。"我灵机一动,径直往胡同口的首都剧场走去,正好赶上散场,我混在人群里转了两圈,把围巾放在书包里,换了个模样。看看"尾巴"甩掉了,我才跑回家。

到家才发现,我的衬衣全湿透了——那可是个大冬天呀!我把"历险记"跟妈妈一讲,妈妈当时就夸了我:

"太好了!你真勇敢,还挺聪明,干得好!"

其实,妈妈就是这样一个胆大的女人。她常说,女人就是要胆大,将来才能做大事。我小时候,爸爸在外地工作,家里的大小事情都由妈妈做主。她果敢坚毅,有她在,我们都感觉好踏实。而妈妈呢,也给予了我和姐妹——她的女儿们坚强勇敢的性格。

没有想到的是,妈妈培养我的坚强勇敢的性格,竟成为我离开她独立生活时最重要的财富。

19岁,我离开家去东北农村插队。在农村插队的那些年,我经历了许多次惊险,每一次成功地摆脱险境,都使我向"勇敢"靠近了一步。我终于悟出这样的道理:勇敢是精神气魄的力量,而不是四肢的力量。那些最能适应环境的人才是勇敢的人。勇气是在每一次对困难的顽强抵抗中养成的,越是惊险越向前,一次又一次地战胜恐惧,你就会成为一个无所畏惧的人。

一次,我带领30多名北京小学生去参加夏令营活动。回来的那天晚上,北京下起了大雨,机场上空雷电交加,飞机几次下降都没有成功。飞机大起大落,颠簸得十分厉害,好像马上要机毁人亡一般。机舱内旅客乱作一团,有大声惊叫的,有喊爹叫娘的……跟我同行的一名年轻女记者第一次遇到这样的险情,她紧紧地抱着我不停地哆嗦,还惊恐地大叫。这时候,我不慌不乱,始终保持镇静,并且安慰她说:"不要紧，不要紧的……"

飞机终于在天津机场迫降，等待北京方面的指令。这时，外面还下着瓢泼大雨。

一些旅客吵着要下飞机，还有的人冲我们嚷道："你们怎么还不叫乘务员打开舱门，把孩子们带下飞机，你们不想活了啊！"

同行的人问我怎么办，下不下飞机。我冷静地说："不能下去。外面下着那么大的雨，只有飞机上是最安全的。我们要相信中国航空公司。"我招呼孩子们安静地休息，还把我们的矿泉水贡献出来，给那些吵着要水喝的旅客。在孩子们的影响下，机舱里的旅客慢慢都安静下来。一个小时后，飞机在北京机场安全降落。在机场等候多时的家长看到孩子安全回来，十分高兴。

那位年轻的记者动情地对我说："佩服！您真有大将风度，临危不惧！如果这次中途下了飞机，我想我以后肯定再也不敢乘飞机了！"她的话使我感到欣慰。我想，人生也是如此，要做暴风雨中的海燕，才能领略风雨的壮观。妈妈给予我的这种勇敢精神，是我一生最宝贵的财富，也可以叫"护身符"吧！

父母也要关心自己的儿子。

我有个朋友，她儿子四岁时，幼儿园老师曾告诉她："你儿子的包皮有点长。"当时，这位妈妈没有在意，心想：孩子长大就好了。

转眼间，儿子到了十六七岁。有一次，妈妈在家里的卫生间发现了几根牙签和细细的小棍。她很吃惊：这孩子在干什么呀？她不禁担心起来，可又觉得不好过问。过了一段时间，孩子的学习成绩下降了，精神状态很差。终于有一天，儿子皱着眉头对她说："妈妈，你带我去医院吧，我已经撒不出尿了。"

妈妈急忙把儿子送到医院，医生检查后把她骂了一顿："你这妈妈是怎么当的？孩子的尿道都快堵住了，早应该看急诊！"

这件事告诉我们做父母的，应该特别注意儿童成长发育时期的身体健康，有些男孩青春期不健康的行为，就是由于家长在孩子幼年时的疏忽造成的。假如我们在孩子天真烂漫的童年及早解决他们的身心疾病，就能帮助孩子度过"危险的青春期"。

我们一直有个传统观念：如果生了女儿，就会特别注意保护她；如果是个男孩，似乎就没有什么保护问题，就像俗话说的："生了女孩别受害，生了男孩别学坏。"现在的教育往往对男孩的身心研究不够，假如对男孩的生理变化不留心，男孩也可能成为受害者。

从身体发育来看，女孩好像比男孩早熟。但从性发育的角度看，比如性唤起、性幻想等，男孩要比女孩出现得早。从这个意义上讲，男孩比女孩的心理压力大，担心、疑虑也更多一些。并且，男孩询问这类问题很难启齿，怕父母说他是个坏孩子，因此只把困惑埋在心里。

我曾经接到好几个大男孩打来的咨询电话。他们一开始总是谨慎地以问同学的事情开头，感觉我的态度平和，没有什么"危险"后，才慢慢地吐露实情。

有一个中学生看了我写的文章《关心你的男孩儿》，打电话问我，为什么包皮会长？和手淫有没有关系？包皮多长就需要去做手术？手术疼不疼？……我一一做了解释。

他一共给我打过三次电话，一次比一次问得具体，也可以说是对我这个"知心姐姐"的信任一次次地加深。交谈中我发觉，男孩提出的问题，有的是亲身经历，有的是看了黄色书刊后产生的性幻想。其实，这个男孩提出的问题任何一个父亲都应该能够回答。家里有一个处在青春期的孩子，最好买几本卫生常识的小册子放着，让孩子随便翻看。你可以不必有意让他看，因为那样他反而不好意思。但如果家长没有注意到这些，孩子就可能接触一些不健康的书籍，反而会把孩子对生理及性的概念带入歧途，最终会害了孩子。

我还接到过一个初中男孩的电话，开始他问我手淫怎么办，我轻松地回答："手淫没关系，每天晚上到户外活动活动，睡觉前用温水洗洗脸和脚，不要看乌七八糟的书，睡觉时不要盖太松软的被子，把手放在外面，睡醒了就起床、别赖在床上……"

我讲完这些，他没有放下电话："不光是这些……"

"还发生了什么情况？"我关心地问。

他讲述了他去公共浴室洗澡时被几个成年男人玩弄的情况，我听得心惊肉跳，嘱咐他要立即把这件事告诉爸爸，并去公安局报案，他们这是犯罪行为。可孩子说："我是自愿的……"

"那你为什么打电话告诉我？"我有点纳闷了。

"我现在天天拉肚子，很难受，但我摆脱不了……我是不是很坏……"男孩的声音哽咽了。

"不，不是你坏，是你太无知了！你遇到了坏人，要有勇气从困境中走出来。不要害怕……"

接着，我告诉他"自救"的办法。他很感激我，因为他从我这里得到"我不是坏男孩"的结论，他要勇敢地走出"罪恶感"的泥沼。

青春期的男孩子需要有成人的帮助，来确认他的某些"奇思怪想"是不是正常。看来，父亲的作用是相当重要的。在男孩从性萌动到性成熟的过程中，特别需要父亲的陪伴。如果你是男孩的父亲，应该适时地把一些生理发育方面的知识告诉他；在儿子上初中以后，要特别留心孩子是不是遗精，都在看些什么样的书……发现了问题，不要大惊小怪，大发雷霆，而要冷静又亲切地把青春期卫生知识告诉孩子，还要告诉他一个男人发育成熟后在性的问题上应该采取的正确态度，从而让孩子能把握自己的性冲动和保持健康的心理。

在社会上，还有一些大男孩抢劫小男孩的钱物，这也要特别注意。

曾经发生过这样一件事：一个男孩穿着妈妈从美国买的价值1000多元的名牌运动鞋去上学，一出门，就被人截住了。

"把鞋脱下来让我穿两天！凭什么你就穿这么好的鞋？"那个大男孩狠狠地说，把自己的旧鞋脱掉踢过去。

小男孩吭也不敢吭一声，把新鞋脱了下来。

很多孩子被人劫去钱物，不是因为穿得太好，就是由于兜里有钱太招摇了。一名关心青少年健康成长的老同志告诉我，新加坡、日本等国对中小学生的穿戴都有严格的规定：所有的学生都必须穿校服到学校，不允许穿别的服装。这样，就不会在学生中间造成贫富悬殊的现象，也不会发生恶性的抢劫事件。

在这里,我想提醒我们做父母的,尤其是那些家庭经济状况比较宽裕的父母,不要让孩子在经济方面产生比别人优越的心理,更不要让孩子在金钱方面有优越感,因为这对孩子并不是什么好事。让自己的孩子"变"得普通一点,平凡一点,并不是在"虐待"孩子,而是给孩子创造一个安全的生活空间。

让孩子摆脱惧怕,获得保护,是父母必须做到而且要做好的事情。

第四章

给孩子留下什么——生命的礼物

有一天晚上,海南团省委少年部部长王如琨打来长途电话,让我帮忙请柳斌同志题写三个字,这三个字是"尊师亭"。

原来,他兄弟四人都毕业于同一所中学,又都考上了大学,并且都挺有出息。他们的父亲十分感激这所中学,临终前最大的心愿是在这所中学的校园里修一座"尊师亭"。兄弟几个为此集资四万元,并希望柳斌同志题字。

"能不能快一点?我父亲快不行了,我们想尽早了却他的心愿。"

"行!我马上就去。"第二天我就赶到柳斌同志家。听到这种情况,柳斌同志十分感动,欣然命笔。写好后,我立刻往海南发了传真。

过了些日子,王如琨来电话表示感谢。他说,他父亲终于看到了"尊师亭"的落成,几天前已含笑告别了人世。

这件事情不禁令我产生很多联想:做父母的,都想给孩子留下些什么,但究竟应该留下什么呢?

不同的父母留给孩子不同的礼物,而不同的礼物又给孩子带来不同的人生。

有的父母留给孩子的是一大笔金钱,而孩子却学会了挥金如土,最后反而成了乞丐。

有的父母留给孩子的是一份产业,但孩子不会经营,最后落得个倾家荡产。

有的父母留给孩子的是一栋房子,而儿女们为了瓜分房产,打得头

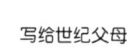

破血流、大伤和气。

…………

物质财富早晚有一天会用尽,只有人的自身成了财富,才有可能去创造永远也用不完的财富,享受无尽的幸福。

如果从小就教会孩子如何做人,如何做事,即使父母没有钱留给孩子,孩子也能靠自己的本事挣来钱;即使父母没有什么家产留给孩子,孩子也能靠自己的本事赢得财富。

父母留给孩子最好的财富,再没有比教会他生活的能力,给予他克服困难的力量更好的了。

第四章
给孩子留下什么——生命的礼物

 **妈妈的"存折"**

学会做人,是妈妈送给孩子的最好礼物

1999年9月30日凌晨5点15分,就在国庆50周年庆典的前一天,我的83岁的慈母离开了我们。

全家人悲痛万分。那些天,我只要看到妈妈生前的照片,想起妈妈慈祥的面容,悲痛的泪水就止不住夺眶而出。

妈妈生前,桌子有一个抽屉一直是锁着的,钥匙就放在她的衣兜里,谁也不知道里面放着什么"宝贝"。

妈妈去世后,二姐打开了这个抽屉。我们全都愣住了:里面没有一分钱,也没有金银珠宝,只有一个小本子,前三页工工整整地记录着她的每个儿孙的出生日期,既有阳历,也有阴历,甚至精确到出生时的几点几分。

这就是妈妈的"存折"!这就是妈妈的全部遗产!

妈妈生前总是说,她一生最大的财富就是她的孩子,她用她全部的心血来抚育孩子。记得我们小时候,爸爸在外地工作,因为孩子多,家里生活不宽裕。为了抚养我们长大成人,妈妈一直没有出去工作,却千方百计地让我们吃饱穿暖、好好上学,教会我们生存的本领。每逢国庆节,为了让我们参加庆典,她总是熬夜给我们赶制新衣服。平时,妈妈不给我们什么零花钱,可是当她知道我考上了北京市少年宫绘画组,每周日要去景山公园学画画时,她立刻为我买了一张月票。

她非常支持我们参加各种公益活动和发展特长的学习,她教育我们从小要诚实做人、不占便宜,想要的东西要通过自己努力去争取,不要企求不付出劳动就能得到……在童年的时光里,快乐和幸福、勤奋与上进总是伴随着我们一家。

我们兄弟姐妹深知妈妈的期望,从小就下决心为父母争气,每个人学习都十分努力,工作也很勤奋。我们成人后,为了支持我们工作,年迈的妈妈先后带大了六个孙儿。

妈妈走了。带着微笑走了。虽然她没有给子孙留下一分钱,但是,她却留下了比金钱更重要的东西——教会我们如何做人、如何生存。

妈妈走了。在83年的人生旅程中,她没有参加过工作,更没有什么职称,但是,她创造的价值是无法衡量的,她毕生从事的是世界上最伟大的工作——为共和国培育了有用人才。

妈妈走了。她的一生平平淡淡,没有享受过什么富贵,但她拥有着世界上最大的快乐——天伦之乐。我们在为她老人家送行的花篮上分别写着:"妈妈,我们爱您!""奶奶,我们爱您!""姥姥,我们爱您!"

妈妈走了。她那么幸福地走了,走得那么安详,那么无牵无挂——因为,她一生的心愿都实现了,她完成了抚养我们长大、教导我们成人的任务!

妈妈是一本书,不仅教会了我们怎样做人,还感染了我们的孩子。在我们孝敬老人的日子里,孩子们看会了、学会了关心长辈,他们心中有了老人,同时也有了父母。

妈妈去世的那天早晨,在京的小辈能够通知到的都来了,唯独没有叫我的儿子,因为他的学校离城里太远了。

好像是有什么感应,那天早上八点多钟,妈妈刚刚被推进太平间,儿子就在BP机上呼我,我立刻给他回了电话。

"姥姥怎么样了?"儿子急切地问。

"姥姥今天早上5点15分过世了……"我哭着说。

"……你们为什么不告诉我?"停了半天,电话那边才传来儿子哭泣的声音。

"太远了,你来不了!"

电话挂断了。紧接着我的BP机上显示出这样一行字:"你们应该告诉我,我能赶回去的!"

我的泪水忍不住又流了下来——我真后悔没有叫儿子赶来见姥姥

最后一面，留下了终生遗憾！

妈妈去世后，我们姐妹几个都有一个共同的感受：孩子们突然长大了！妹妹告诉我，她女儿回家说："爸，我妈没有妈妈了，你可要好好待我妈啊！"

妈妈的遗体火化不久，儿子把一个"小剧本"交给我看，是他刚刚写完的。

其中有一段"儿子"对他"表妹"的话是这样说的："为姥姥送行的那天，妈妈哭得好伤心，我还从来没见她哭得这么厉害。我一直在她身边扶着她。以后，我要好好照顾我妈……"看到这里，我的泪水哗哗地流了下来。

 爸爸的体验

告诉孩子你的亲身体验,比你讲一大串道理更有力量

孩子过生日,父母送什么礼物好呢?

"把自己的体验告诉孩子!"这是家庭教育的魅力,也是父母与老师教育孩子的不同之处。

共青团中央少年部部长郭长江是我的老朋友,他就是这样一个有魅力的爸爸,也可以称得上是一个"知心爸爸",从他那里常常能听到一些好听的故事。

每当说起他的儿子时,郭长江总是神采飞扬,那轻松平和的语气,好像他和儿子是哥儿俩。

郭长江给我讲的第一个故事是"踢球"。

他的儿子郭沫上小学时一直住校,一到周末,他就带儿子去体育场买票踢球。

有一天,他问儿子:"儿子,爸爸要是死了,你想爸爸吗?"

儿子说:"想啊!"

"想爸爸什么呀?"郭长江等着儿子"歌功颂德"。

没想到儿子说:"没人跟我踢球了!"

我听了,笑得前仰后合,认真地对郭长江说:"踢球的事一定要坚持下去啊!不然你儿子就把你忘了!"

郭长江给我讲的第二个故事是关于他儿子的作文。

他让我看他刚刚上初一的儿子写的作文《长大的感觉》。

"题目是老师出的,儿子写的内容全是真的,老师给了他全班最高分。"郭长江欣慰地说。

我一口气读完了,心中装满了感动。作文是这样写的:

第四章
给孩子留下什么——生命的礼物

什么是长大的感觉？我也说不清楚，不过，我想讲个故事，或许这就是我的体会。

那是今年7月，中国共产党成立79周年的那一天，也是我12岁生日的那一天。晚上，我和爸爸妈妈在家里一起过生日。

我们没有吃什么特别的东西，我也没有像往年生日那样收到什么特别的礼物，一切都和平常的日子一样，平常得让我觉得有些反常。爸爸妈妈的表情都很严肃，不知道在想什么。我有些沉闷，因为前一天我刚刚告别了一起生活六年的同学们，我的心还在小学呢。我们三个人就这样沉默了几分钟。

爸爸首先发话了："郭沫，今天是你12岁的生日，本来我们想给你好好庆祝一下的，但是考虑了一下，还是改变了。"

"孩子，"这是妈妈的声音，"你已经12岁了，你长大了。昨天你离开了小学，马上就要上中学了，这对你来说是人生中又一起点。"

我毫无准备，根本不知道他们要干什么，猜想免不了又是一堂思想品德课了。

"孩子，我给你讲一个爸爸自己的故事。在我12岁的时候，家里每天才给我几分钱零用，为了买一些自己喜欢的学习用具，三分钱一根的冰棍都舍不得吃！那时候奶奶给一毛钱，紧着花能花三四天呢！看到爸爸妈妈为了全家能生活好一些那么绞尽脑汁，我就把节省的一点点钱又偷偷地放到家里的钱箱里。为什么要这样？还不是想替家里分担一些吗？我12岁生日那天，爷爷给了我五毛钱，叫我自个儿买点东西去。我什么也没有买，把钱偷偷地放回爷爷的口袋里，并撒谎说吃了两个鸡蛋和一个白薯，这又是为什么呢？"说到这里，爸爸的眼圈红了。

妈妈接着说："妈妈12岁时，姥姥、姥爷都去了农村的'五七干校'劳动。为了不让他们操心，衣服破了，我都是自

己学着补,手上经常扎出血;我们姐妹生病了,都尽量不告诉他们。这又是为什么呢?"

我发现这不是一堂简单的思想品德课。我从爸爸妈妈的话中体会到了一种说不出的感觉,我好像突然明白了什么。渐渐地,我落泪了。

"郭沫,我们跟你说这些的目的,只是想让你知道你已经长大了,应该有一些责任感了。一个成熟的人,要有责任感,对社会、对祖国、对人类,但这些对你还很抽象,比较现实的是首先对家庭要有一种责任感。知道我们当初为什么给你起名叫郭沫吗?意思就是全家相濡以沫。"妈妈语重心长地说。

这时爸爸拿出了一串钥匙:"这是咱们家的钥匙,今天我们把它交给你,它将永远属于你。记住,你不是小孩子了,你长大了!"

我双手接过属于我的东西,也接过了责任,沉甸甸的。我流下了眼泪。我高兴,我激动,我骄傲,同时,肩上也像是压了副担子。我终于理解了父母的意思——做一个对自己负责、对他人负责的人。

此时我的心情,应该是长大的感觉吧!

郭沫的作文写得朴实无华,却发人深省,使我不得不佩服郭长江这位爸爸高超的教育方法,佩服郭沫这个12岁少年感悟人生的能力。

教育孩子"对自己负责,对他人负责",这是一个重要的话题,也是一个沉重的话题。孩子能不能长大,正是要看他是不是理解了"责任"两个字的含义。郭长江这个"知心爸爸"的高明之处在于,他没有用生硬的大道理去给孩子讲"责任",而是把自己12岁时的亲身体验告诉了12岁的儿子,使儿子从中理解了什么是"责任"。

更让人感动的是,儿子进入中学开始走读后,父母不是"严加保护",而是把家里所有的钥匙都交给了儿子,让儿子感受到父母的由衷信任,从而有了"长大的感觉",这是多么深切的父母之爱啊!

我真的被深深地感动了。我想,假如我们的父母都能像郭沫的父母那样信任孩子,把自己的体验告诉孩子,那孩子们一定会健康地长大的。

　　人们总爱说"以理服人"。在家庭教育中,把深刻的道理融入父母切身的体验中,会增加许多亲情,更容易被孩子理解和接受。

　　对孩子来说,爸爸的一个体验要比爸爸讲的一大串道理更有力量,要比爸爸买的一堆礼物更有价值。

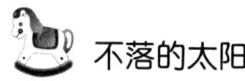

不落的太阳

爸爸是孩子心中不落的太阳

1996年2月,云南丽江发生了大地震。

地震后的第三天下午6点,我正要离开办公室,电话铃急促地响了起来。

"是中国少年报社吗?我是丽江团县委书记木志英。我们丽江发生了大地震,许多房屋教室倒塌了,孩子们的书包衣物都被瓦砾压在底下,他们天天哭着喊着'要读书'……"木志英哽咽着。

"不要着急,我们会通过《中国少年报》帮助你们。你们马上把受灾学校及学生名单准备好,我们会发动全国学校和孩子与你们'手拉手'。"

放下电话,我立刻向领导报告了丽江的情况,并迅速写出新闻稿《云南丽江告急》,在《中国少年报》头版刊出。

各地的孩子马上行动起来。灾区孩子收到的第一笔捐款、第一件衣物都是来自各地"手拉手"小伙伴的。

震后四个月,受丽江当地政府和团委的邀请,我来到丽江,访问了许多受灾的学校。

在那澄碧辽阔的蓝天下,是一片片倒塌的房屋,丽江灾区的孩子仍然在地震棚里读书。强烈的日光照射在地震棚的塑料布上,简陋的教室热得像蒸笼,可孩子们的读书声是那么响亮,神情是那么认真!他们身上穿着各式各样的衣服,一问才知道,是全国各地"手拉手"伙伴寄来的,听说有的衣服上还夹着小纸条:"谁穿上这件衣服,谁就是我的朋友,请回信给我。"于是,他们便开始通信。在丽江,许多孩子的书包里都整整齐齐地放着各地"手拉手"小伙伴的来信,他们视为"宝贝",每天都带在身上。

第四章
给孩子留下什么——生命的礼物

一天,我来到金山乡新团七一自然村,村里的小学生都站在地震棚搭成的教室前。

"同学们,《中国少年报》的'知心姐姐'来了,大家有什么话想和'知心姐姐'说呀?"大队辅导员提高嗓门对孩子们说。

没有人说话。纳西族的孩子们只是睁着大大的眼睛看着我。

"地震中谁家的房子倒塌了?请举手。"我打破了沉寂。

许多孩子举起了手。

"谁帮助爸爸妈妈盖新房子了?"

又有许多孩子举手。

我一眼看见前排一个矮个子小男孩,把手举得最高。

"你都帮爸爸妈妈干什么活了?"我微笑着问。

"搬砖。"小男孩眨着眼睛回答,样子十分可爱。我立刻对他产生了兴趣。

"你将来想做什么?"我也不知道为什么接着就问这么一个问题。

"当官!"他的回答让我和同去的老师们都大吃一惊。

我注意到,他的眼里饱含着泪水,嘴紧闭着,两腮鼓鼓的。

"你想当什么官呢?是中央的官、省里的官,还是县里、村里的官?"昆明来的辛勤老师问他。

"村里的官。"他回答得很干脆。再问,他便什么也不说了。辛勤老师说,不要问了,纳西族的孩子平时话就少,今天能跟你讲这么多,已经是不错的了。

"大家还有什么问题吗?高兴的事、难过的事、困难的事都可以说。"我真想听听他们跟我说些什么。

孩子们还是用期待的目光看着我,好像有很多话要说,可就是谁也不出声。

"'知心姐姐'可要走了,你们想说什么要抓紧呀!"我抱着最后的希望。

当我们就要转身离开时,后面一个大个子男孩举起了手。我请他走到大伙面前。

他走过来,低声对我说:"我爸爸在地震中死了。"说完,呜呜地哭了起来。

"你爸爸是做什么的?"我心疼地问他。

"我爸爸是这个村的村委会主任。爸爸的身体本来就不好,一直病倒在床上。地震那天,爸爸从病床上坐起来说:'我必须到受灾的群众家里看看。'爸爸忙了很多天,一直没有回来,十几天后,他死在地震现场……"大个子男孩一边哭,一边诉说着。

"你爸爸去世后,家里怎么样?"

"妈妈成天哭。我对妈妈说:'妈,您别哭了,我已经长大了。'我爷爷也在哭,我又安慰爷爷:'爷爷,您别哭,爸爸不在了,还有我呢……'"

听到这里,我忍不住哭了,只觉得眼前这个纳西族男孩像山一样坚毅,是那么可爱。我从书包里拿出200元钱送给他:"买点上学用的东西吧!"

男孩哭得更厉害了。

"以后你想干什么?"我问。

"我想成为爸爸那样的人,多为人民做事。"

学校老师告诉我,他是村委会主任的儿子,叫席继光。他爸爸是模范干部,现在全县都在向他学习。

我忽然明白,前边那个小男孩为什么想要当"村里的官"了,原来这个"村里的官"是全村老百姓最爱戴的好官,是孩子心中的榜样。

席继光后来给我写过一封长信,表达了对爸爸的思念和对爷爷的深情,信中写道:

> 太阳每天从东边升起,从西边落下。但在我心中的那个太阳,却永远也不会落下,它将永远照在我的心中。
>
> 自从爸爸因公殉职后,家庭的负担、我们姐弟的学习、村里繁杂而细小的一系列不知从何下手的事……无情地落到了我65岁的爷爷身上。因为各方面的压力,爷爷的脸上增添了

许多新的皱纹。

……如今，我已经是初二的学生了，总想独立干一番事，虽然不能像爸爸那样感天动地，可也希望自己能够早点自立，为家庭、为爷爷减少点负担。可爷爷总说："只要你能学有所成，便是对爷爷最好的回报。"

1997年5月30日，席继光来北京参加了"手拉手地球村"夏令营。返回家乡后，席继光又给我写来一封信，信中说：

回家乡的路上，我想了许多，我们家乡的经济发展与北京的差距实在太大。为了改变家乡贫穷的面貌，不辜负党和人民对我的浓浓情意，我立志从自己的学习抓起，为家乡能够早日奔小康而贡献自己的"光"和"热"。

我坚信，这只玉龙雪山的雄鹰一定能够展翅高飞——因为，他心中有一轮愿意奉献"光"和"热"的"永远不落的太阳"。

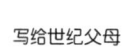
写给世纪父母

无价的礼物
孩子总有一天会知道，自身的财富胜过物质财富

我的老朋友李卓志，原是深圳蛇口工业区育才二小的校长，一个深受学生爱戴的校长。他有个出色的儿子——小伙子上中学的时候曾被评为深圳市"十杰青年"。

一次我去深圳采访，碰巧见到了李卓志的儿子，顺便跟他聊起了他与爸爸的关系。

"我老爸是个孩子头儿。"儿子给了父亲很高的评价。

"怎么讲？"我对这个评价很感兴趣。

"孩子头儿有两层意思：首先，他是我的朋友，我们可以平起平坐；但他又是头儿，总高我一筹，我不得不听他的。我的同学都羡慕我有个好老爸。"

从那以后，我对这位"孩子头儿"十分关注。每次见到他，除了谈工作，就是谈他跟孩子的故事。

让我最难忘的是"一双'波特'的故事"（"波特"是鞋子品牌）。

事情发生在送儿子上大学那天。儿子考上了北京的一所大学。去北京那天，我们夫妇一起送他。在等候办理登机手续时，儿子忽然冒出一句："爸，我还没有穿过一双'波特'呢！"看看满机场的人，脚上不是皮鞋就是旅游鞋，特别是那些年轻人，有不少是学生，脚上的"波特"更是令人眼花缭乱，再看看我们的儿子……我闭上了眼。不用看，是那双帆布胶鞋，绿色的，23元一双。那是我们和儿子一起买的，当时觉得还不错，现在越看越刺眼。

看到我们尴尬的表情，儿子笑起来："我随便说的，你们怎么这么严肃啊！"我们只好跟着苦笑起来。

送走儿子，我们俩不顾一切地赶到免税店，花了近500元买了一双"波特"，又马上赶到邮局，把鞋寄往北京的亲戚家，请他们尽快把鞋转交给儿子。鞋里面还夹了一张字条："云儿，希望你能原谅爸爸妈妈的疏忽，我们是爱你的。"

接下来的日子，我们夫妇常谈起儿子。我们没有给儿子买过一双"波特"，也没有让儿子追赶潮流，我们是不是太过分了？是否对儿子过于吝啬了？记得刚到深圳时，儿子要买五毛钱一盒的饮料喝，我们把他拉到一边，告诉他："太贵了，而且喝多了对身体不好。忍一忍，回家喝开水。"几次下来，儿子再也不要求买了，而且至今没有喝饮料的习惯。对此，我们原来还觉得蛮得意，认为是教子有方。现在反省起来，又怀疑是否对儿子过于苛刻了。就这样，我们在内疚与反省中度过了漫长的两个星期。

终于，儿子的回信到了，而且还寄来了一个笔记本。不知为什么，拆信时竟有点忐忑不安。信是这样写的：

爸爸、妈妈：你们好。"波特"收到了，好看，穿起来又舒服。谢谢你们。不过，你们好像对我在机场随便说的话过于敏感了。为了让你们了解我的心情，我决定把我的日记向你们公开。请相信你们教育出来的孩子。我是永远爱你们的。

我和妻子急忙打开日记本，其中有几处，儿子夹了纸条，显然是希望我们重点看的：

王敏穿了一身牛仔服，真帅！听说还是名牌呢！回家问爸爸，果然是名牌。关于中学生穿名牌，爸爸早有评论：所谓名牌，一是质量还可以，二是有一定的名气，穿在身上可以表示一定的身份和品位。中学生在受教育时期，关键要把注意力放在学习上，靠所谓的名牌来显示自己，反而是没有品位、低档次的表现。爸爸的说法我认为很有道理，所以晚上妈妈问我是不是想买名牌服装时，我反问她：那我不是没有品位了吗？妈妈愣了好一会儿才反应过来……

爸爸妈妈今天坚持带我一起去买鞋，原来他们是想给我买一双"波特"。我偏不要，最后选了一双绿球鞋。试了一下，很好嘛。大人就是怪，平时叫我不要在物质上和别人攀比，不要图虚荣，现在又鼓励我买"波特"，说是武装一下。是不是怕我没有"波特"在同学中间不好意思呢？其实，同学们从来没有在这方面小看过我，他们反而很羡慕我，说我那么早就有自己的电脑，还说你们总是有时间陪我。特别是那次生日派对，妈妈的安排，爸爸的幽默，让同学们谈论了好几天，有几个同学还因此认真地向他们的爸爸妈妈介绍了一番呢！另外，同学们很佩服我到过那么多地方——北京、桂林、拉萨、九寨沟……李铁成还想让我到他家，现身介绍什么旅游和学习有关的经验，好让他爸他妈同意他去北京呢！我当然没有去。不过，你们总不至于担心我会因为"波特"在同学中感到难堪吧？

看完儿子的日记，我总算松了口气。看看妻子，还是眼泪汪汪的。她说："那次还是应该买'波特'！""那你就看不到儿子的日记了！"我笑着说。

李校长讲这个故事时，他的儿子已经出国留学。五年之后，他的儿子回国工作。

这个故事深深地印在我的心里。我一直在想，父母含辛茹苦一辈子，一切都是为了孩子。总想给孩子这个那个，生怕别人瞧不起自己的孩子。其实，吃穿再好，也不能享用一辈子，父母的人生体验才是无价之宝，孩子了解了，理解了，能够受用一生。

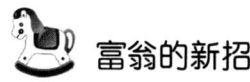 富翁的新招

想让孩子成才,不必给孩子太多的钱

说起来也许没有人相信,许多家庭里,最有钱的是孩子。现在做了父母的中国人当中,许多人都有过苦日子的经历,都记得自己曾经一天只能挣几角钱的日子。在这些人的记忆中,一张十元的钞票是一笔了不起的财富,轻易花掉,多少有些犯罪的感觉。可是,如果你现在把一张十元的钞票放在孩子面前,他也许不屑一顾。

有人对广州孩子的生活消费做了一个调查。

许多孩子是这样生活的:独自住一间面积足有十平方米的房子。这间房子在广州若是要租,至少得每个月 400 元。当然,他可以使用的客厅和洗手间不算在内。他每月由父母提供免费的伙食,这当然是父母应该的,但若按市场价格来计算,至少要花上 800 元(包括他吃的食物和吃饭的服务费)。他的服装当然不是什么稀罕物,但是每个月花上 200 元,想必不算多了,这当然也不能包括洗衣的人力及劳动成本。再算一下他在学校要花的钱,每个月算 200 元一点也不过分。最后,再算一下零花钱及娱乐费,一个月算 100 元,相信许多家长都不会觉得有什么了不起。加起来,一个孩子就要花去 1700 元,这就是他一个月的消费。这还是一个普通孩子的消费,如果孩子想买耐克球鞋,想买一台高级电脑,想去游乐园玩,想去旅游,那就要付出更多了。孩子们虽然没挣一分钱,却是花钱很多的人。

当今社会,没钱留给孩子的父母犯愁,有钱可以留给孩子的父母也犯愁。像比尔·盖茨这样的世界首富,已经在考虑万贯家财怎样留给后代、"富裕病"怎样防止的问题了。

"富裕病"习惯上指那些富人的后代由于有用不完的钱而花天酒地,堕落成放荡不羁、纸醉金迷的寄生虫,最终被社会抛弃。

"富裕病"一词在美国已经出现多年,但它的真正含义在近年才得到全面阐述。心理学家杰西·奥奈尔在《黄金般的贵族》一书中,详细地谈了"富裕病"的含义。她的曾祖父曾是美国通用电气公司的董事长。她在突然获得一笔巨额遗产后产生了一种空虚的成就感,随之而来的是挥之不去的极端焦虑和心理恐惧,而这些东西又像传染病似的传给了她的下一代。这种现象是许多有钱人所忧心的。

近年来,美国的信息产业突飞猛进,特别是软件开发和互联网的广泛应用,为那些富有商业头脑的年轻人施展个人才华和迅速暴富带来了极佳机遇。比尔·盖茨创立微软公司仅25年时,个人的资产便达到了800亿美元,成为世界首富;雅虎公司的开创者杨致远也仅用了几年的时间,便成为拥有几十亿美元财富的后起之秀。难怪美国媒体惊叹:美国硅谷造就了新一代亿万富翁!

然而,这些亿万富翁事业上的显赫业绩却不能掩盖他们内心的忧虑。如此天文数字的财富,自己无论怎样享受都是用不完的,而将自己凭着智慧和心血挣来的全部钱财留给后代,又是那么不放心。

为了急富翁之所急,想富翁之所想,美国华尔街两家大银行推出了为财富在一亿美元以上的富翁提供"金融父母"的服务,专为这些亿万富翁提供别出心裁的精神咨询服务,帮助他们指导孩子如何参与经商和慈善捐献,调整自己以适应将要继承数百万乃至数亿美元财产的现实。

1999年,比尔·盖茨宣布,他和妻子已经慎重地做出决定,将他们两个孩子的遗产继承金额严格限制在一亿美元以内,剩余的财富全部捐献给慈善机构和社会福利事业。

"父母亲想鼓励孩子自己成才,但不是靠给孩子太多的钱。"这是许多富翁的心愿。

很小的时候,我就听过这样一个故事:一个人走进了大森林,几天后,他迷路了,带去的食物也吃光了。就在他生命受到威胁的时候,遇见一个老猎人。他请求给自己一点吃的东西,老猎人没有满足他,而是送给他一杆猎枪。靠着这杆猎枪捕食,他活着走出了大森林。

  真正对孩子负责的父母,是把生存的能力教给孩子,而不是只留给孩子一大堆金钱。

第五章

真正的爱是什么——施爱八法

爱的力量是教育中的重要力量。有科学家说："人类在探索太空、征服自然后，终将会发现自己还有一种更大的能力，那就是爱的力量，当这天来临时，人类的文明将迈向一个新纪元。"

父母的爱是博大的爱，会让孩子刻骨铭心，终生不忘。

但是，在爱的记忆中，有的爱让孩子幸福，促孩子成长；有的爱让孩子痛苦，令孩子反感。

有的父母，总是用挑剔的眼光看孩子，总觉得自己的孩子不如别人家的好，总唠叨孩子这不行那不行，其结果是孩子真的不行了。

有的父母，认为孩子是接受爱的大口袋，拼命往里塞，却不给孩子爱他人的机会。其结果，孩子感觉不到爱，认为这一切都是应该的，谁让你生了我，于是变得无情无义、自私冷漠。

还有的父母，把孩子看成自己的私有财产，想打就打，想骂就骂，还认为"打是疼，骂是爱，不打不成材"。

究竟什么是真正的爱？今天我们应该怎样爱孩子？

一是爱的目光——注视孩子，用赏识的神情告诉孩子："太好了！你让我骄傲！"

二是爱的微笑——面对孩子，传递给孩子的信息是："我爱你，孩子！"

三是爱的语言——鼓励孩子，父母常常对孩子说："孩子，你真棒！"孩子会自豪地回答："妈妈、爸爸，我能行！"

四是爱的渴望——调动孩子,让孩子在朝思暮想中获得爱,使他们明白:幸福不会从天降,你要寻找快乐吗?自己去努力!

五是爱的细节——感染孩子,细节最能使人心动,要让孩子从生活的细节中学会发现爱、感受爱。

六是爱的管教——约束孩子,让他们从小懂得,每个人都要对自己的行为负责,要走好人生的每一步。

七是爱的胸怀——包容孩子,让他们有重新开始的机会。

八是爱的机会——还给孩子,让他们体验到:索取可以使人满足,但付出才是真正的快乐。

我们今天有幸成为父母,就不能忘记父母的责任是在孩子心中播种爱、培养爱、传播爱;我们今天有幸培育孩子,就要让孩子明白,他们的责任是发现爱、感受爱、发扬爱。

用爱的目光注视孩子
对孩子，爱的目光足够吗

爱的目光是孩子成长的营养源。

与孩子交流时，成人爱的目光，往往胜过语言。

九十多岁高龄的日本小儿科医生内藤寿七郎先生，也是一名著名的教育家。爱哭闹的孩子只要一见到内藤博士就会停止哭泣。

有一天，一个妈妈带着两岁男孩前来找内藤先生看病。妈妈说，一升装的牛奶，这孩子一口气就能喝光。因为喝牛奶超量患了牛奶癣，皮肤刺痒睡不着觉，举止焦躁不安。

内藤先生不慌不忙地将白大褂脱下，然后半跪在那个男孩面前，看着对方的眼睛。

"你喜欢喝牛奶吗？"内藤先生温和地问道。

男孩点点头。

内藤先生仍然目不转睛地看着他说："如果不让你喝你特别喜欢喝的牛奶，你能忍得住吗？"

男孩显出一副烦躁和不满的神色，并且把脸扭向一边。

内藤先生并不气馁。他跟着转到孩子面前蹲下身子说："你可以不喝牛奶的，是吗？"不管男孩怎样不耐烦，拒绝回答，内藤先生的目光一直充满着信赖，口气也十分诚恳。

终于，男孩轻轻地点了点头。

奇迹发生了。男孩回家后不喝牛奶了，湿疹症状很快消失。一年半以后，他的母亲认为可以少喝点牛奶了，可男孩说："大夫说能喝我才喝。"母亲只好请内藤先生来帮忙。

这一次，内藤先生仍然是看着男孩的眼睛，微笑着说："你现在可以放心地喝牛奶了。"从那天起，男孩真的又开始喝牛奶了。

内藤先生通过这件事总结出：哪怕是两岁的孩子，只要他明白了道理，就能控制自己。于是，他提出了一个响亮的口号："爱的目光足够吗？"这个口号提出至今已经半个多世纪了，现在听起来仍然觉得十分亲切。

因为，今天的孩子多么渴望爱的目光！

一个男孩在外面玩耍弄脏了新衣服，妈妈用愤怒的眼光看着儿子大吼："瞧瞧你把衣服弄成什么样儿！"抡起扫帚就要打。男孩不满地说："等我把新衣服脱下来您再打吧。我知道，妈妈喜欢的是衣服不是我！"孩子的话多么尖锐！

有一次，我乘火车去九江。我睡在中铺，邻床下铺有个大眼睛的女孩在专心地看书。我对她产生了兴趣，用欣赏的目光久久地看着她。女孩敏感地发觉了我的目光，看得更加认真了。我从中铺下来，坐在她身边跟她聊天。说话时，我一直用疼爱的目光注视着她，小女孩竟然把心里话全掏给了我这个不相识的阿姨。从女孩的话中得知，她是个一年级小学生，本来是个小班长，因为收作业太慢，被老师"罢官"了。因此，她感到一肚子的委屈。

第二天早晨，她非要跟我一起去餐车吃早饭不可。她姑姑说："别跟着捣乱了，从来没有一次能把碗里的饭吃光。"

女孩用渴望的目光看着我。我爽快地对她说："好，我请你吃早饭。"

餐桌前，我问她："你能吃多少？要吃得光光的，一点不剩才行！"女孩想了想："半碗粥，半个鸡蛋。"

"好。"我用信任的目光看了看她，给她半碗粥，半个煮鸡蛋，然后埋头吃起自己的饭来。

开始，女孩吃得很好，不一会儿就玩了起来。她的姑姑在旁边开始数落她："我早就说过，你不会好好吃的。"

"她会吃干净的！"我微笑着对她姑姑说，又给女孩使了一个眼色。女孩什么都没有再说，把碗里的粥全喝了。看见我的眼睛里流露出惊奇，她竟然用小舌头把碗舔得一干二净。

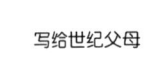

"真了不起,说到做到!"我向她伸出大拇指,"以后我们吃多少,盛多少,再也不会剩饭了,对吧?"

"对!"女孩高兴地答应。

爱的目光,竟然使这个七岁女孩一下子把我看成是她可信赖的朋友!难怪人们说"眼睛是心灵的窗户"。原来,这窗户里能发出许许多多的信息,其中很重要的信息是:我相信你!

假如你的孩子变得烦躁不安,你可以想一想,是不是孩子缺少了爱的目光?假如你的孩子变得孤独寡言,你是不是该扪心自问,对孩子爱的目光足够吗?

第五章
真正的爱是什么——施爱八法

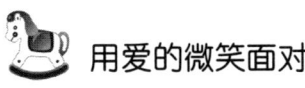 **用爱的微笑面对孩子**

微笑,是爱的语言

对孩子来说,爸爸妈妈的面部表情非常重要。微笑能照亮所有看到它的人,它像穿过乌云的太阳,带给人们温暖。

走进孩子中间,常常听到一个奇怪的问题:"老师怎么不会笑?"

假如我带着这样的问题问老师,他们恐怕会误认为我是精神病人。可这是事实。

一次,我去长春市一所实验小学与孩子们见面,一个高个女孩气喘吁吁地跑上台来,她的直爽让师生们都愣住了。

"'知心姐姐',我们的老师不会笑怎么办?"

为了缓和气氛,我给大家讲了一个真实的故事:

> 我曾经到北京宣武区一所小学采访。在一本中队日记里,我无意中发现了一篇文章《老师的笑脸哪儿去了》。
>
> 文章说,所有的老师都是绷着脸来上课,只有美术老师是笑眯眯的。结果,课堂上有高声讲话的,有离开位子借东西的……美术课成了乱糟糟的自由市场,后来逼得美术老师不得不收起笑脸,也绷着脸来上课。这叫"给脸不要脸"。

同学们听了,开心地大笑起来。

笑声过后,我问这个提问的女孩:"你们有没有过'给脸不要脸'的时候呢?"

"有,"女孩坦白地说,"只要老师给点好脸,有的同学就开始折腾。"

台下又是一片笑声。显然，他们经历过。

"那你想没想过去调查一下，老师为什么不爱笑？除了你们的表现，老师家里会不会有什么不顺心的事情，比如孩子成绩不好，丈夫和她闹别扭……"

"没有。"

最后，我向同学们提出建议：去调查一下"老师的笑脸哪儿去了"。

几天之后，我收到几个同学写来的"调查报告"。

一份"报告"说，他们"跟踪"老师上下班，才发现老师的孩子有残疾，她每天要把孩子送到幼儿园，十分辛苦……

另一份"报告"说，老师跟她丈夫正闹离婚呢！

还有一份"报告"写道："下课后，我'跟踪'老师去了办公室。在门口就听到里面传出爽朗的笑声，一听声音就知道是我们班主任在笑。我立刻跑进去，想看看老师笑起来是什么样子的。可是，当我叫了一声'老师'，老师转过头来时，脸马上变得冷冰冰的，一点笑容都没有了：'你来干什么？'老师甩给我一句冷冷的话。我一下子明白了，老师不是不会笑，而是不朝我们笑。"

这件事过去好几年了，可我一直忘不掉。孩子们多么渴望得到爱的微笑啊！

在中国少年报社组织的"我眼中的老师"绘画比赛中，绝大多数孩子笔下的老师都是绷着脸的。好容易找到一张"笑脸老师"，画画的孩子还在旁边注上："老师终于笑了！"

孩子们都喜欢爱笑的人。笑，是爱的语言。你冲他微笑，这表达了你内心的感情："我爱你！我喜欢你！你使我快乐。我很高兴见到你。"从小在微笑中长大的孩子，容易形成乐观、积极的心态。

记得我儿子刚刚出生不久，我妈把他抱起来，笑得眼睛眯成一条缝，嘴里还不停地跟小外孙说这说那。儿子乖极了，乐得手舞足蹈，也在咿咿呀呀地"说"着什么。每每见到这种场面，我都非常感动，真想把这一老一小用微笑组成的画面永久地珍藏起来。妈妈总是对我说，孩子是懂感情的，你对他好不好，他心里会明白。

的确，儿子长大了，跟姥姥的感情特别好。姥姥病重卧床不起很痛苦，但只要我儿子一去，她立刻会露出笑脸，说："悦悦来了！"老人和孩子的心是相通的。老人全身心地面对孩子，那热情也是发自内心的。

孩子需要爱的微笑。做父母的再忙、再累、再烦，也不要忘记把微笑送给孩子。

 用爱的语言鼓励孩子
爱的语言能够培养出懂爱的孩子

陕西省一个叫田柯的农村男孩提出要跟"知心姐姐"通电话,他的妈妈——一个普普通通的农家妇女,真的给他安装了一部电话。她说:"这是对儿子的奖励!"

这个妈妈为什么奖励儿子呢?儿子又为什么要跟"知心姐姐"通电话呢?

这事还得从头说起:在全国妇联举办的"年轻妈妈读书活动"颁奖会上,全国"十佳年轻妈妈"——陕西长安区韦曲镇东韦村农家妇女田桃花,登上了人民大会堂的讲台。她的发言赢得满场掌声。让我们听听她的《"太好了",真是太好了!》的发言稿吧。

我出生在一个农民家庭,父母都是文盲,在我姐妹六人中,我是老大。1976年我中学毕业时,家里欠生产队1300多元,是个老大难欠资户。我毅然到队办企业参加重体力劳动,才17岁就跟父母挑起了家庭生活的大梁。

当我成为母亲时,面对孩子,我是那么无知,只懂得"应付"孩子。我想,我们这一代失去的太多了,只是希望孩子成功,只要他听话、争气,"能给他的我都给""别人孩子有的,我的孩子也要有"……当我发现孩子学习成绩不好,就急躁地打骂孩子。"分、分、分,学生的命根",也成了我这当妈妈的衡量孩子的唯一尺子。

我嫌他学习不好,从来没有夸过他。记得有一次,他们班上的同学跟我说:"阿姨,今天张校长在大会上表扬了你家田柯，他帮助老师铲雪、扫雪、拉雪哩！"我听了，不但不高兴，回家还训斥孩子："你光劳动好顶啥用嘛！学生学习成绩不好，就不是好学生。"后来，孩子从学校里拿回来一张写着"热爱集体、热爱劳动"的奖状，我硬是没让往墙上贴。

还有一回，孩子回家高兴地对我说："妈妈，我今天在班上做了一盘蘑菇炒青菜，老师和同学尝了都夸我炒得好吃，还评选我当第一名小厨师呢！"我听了没好气地说："你真行！将来考大学也要考厨师？学习成绩不好，还有脸说什么第一名？"像这样没好气的话在我和孩子中间简直太多太多了……所以，在家里，孩子是很怕我的，因为我从来不给他好脸色看。渐渐地，他对自己也失去了信心，总觉得再怎么学也赶不上其他同学，不如就这样混吧！

通过学习《写给年轻妈妈》一书，我认识到家庭教育也要讲科学，它也是一门艺术，它是靠家庭语言来完成的。父母与其拼死拼活地给孩子挣一笔财产，不如培养孩子从小有个良好的心态。面对我的孩子，如果能改变过去的一训二骂三打的不良态度，以"太好了"的心态耐心地去说服教育，想想会收到什么样的效果呢？

这以后，我对孩子的看法和态度也有了一些改变，我学会了说"太好了"，于是我发现孩子也在慢慢地变化：作业比以前认真多了，回家也跟我亲近了，还常常给我讲班里有趣的事情。每一次，我都微笑着对他说："太好了！"……

有一个星期天，田柯又跟邻居家的孩子打架了！可是，这一次他是为一个受了欺负的小朋友打抱不平，才跟邻居家的孩子发生争执的。回家后，我不分青红皂白，一上来就对他连骂带打的。当我弄清事情真相后，我好后悔啊！于是，我主动向孩子承认了错误，让他原谅我，也批评了他跟人家孩子打架是不对的。田柯很感动，向我保证："妈妈，你放心吧！我今后不再跟人打架，也不惹你生气了！一定好好学习，做个好学生！"

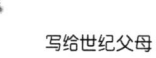

望着孩子,我流下了眼泪。"太好了,田柯,妈妈相信你!"我发自内心地说。要是在以前,怎么会说出这样的话来呢?

从那以后,田柯真的再也没有发生过跟其他同学打架的事情,课堂作业也连续出现了"好""优"的评语。期末考试,儿子的数学得了70分,这对数学经常不及格的他来说,还是第一次啊!尽管这分数还不算高,可我还是高兴地说道:"太好了!你真棒!"从此,这个70分成为田柯争取进步的新起点。

这次我临来北京之前,儿子一再央求我说:"妈妈,您到北京千万别忘了告诉'知心姐姐',我想跟她说几句心里话。"

是啊,我也要对卢勤同志真诚地说一句感谢的话:"谢谢您,'太好了',真是太好了!"

田桃花的故事赢得了全场极为热烈的掌声。从中不难看到,爱的语言培养出了懂得爱的孩子,爱的鼓励改变了一个孩子的命运!

那么,爱的鼓励从哪里来呢?从父母自身的改变中来,父母改变了自己的心态,于是就改变了自己的目光和语言:把"目中有分"变为"目中有人";把"以分为本"变为"以人为本";把挑剔不满的目光变为欣赏满意的目光;把讽刺否定的语言变为赞扬肯定的语言……于是,爱的鼓励出现了!奇迹也就发生了!

那么,改变了的田柯想跟"知心姐姐"说些什么呢?田桃花离开北京的时候,我们约定了接听电话的时间。

这一天这一刻终于盼来了。

那天下午,我正好去京西宾馆采访来京参加模范残疾人大会的失聪少女周婷婷。接电话的时间已到,可采访还未结束。于是,我请宾馆经理帮忙。经理也有孩子,听说田柯的事,很是感动,立即派人在房间里加了一部扬声电话。这样,屋里的人都能听见田柯的声音。

"你好!你是田柯吗?"

"是啊。您是'知心姐姐'吗?"

"是呀!"

"'知心姐姐',告诉您,现在在电话旁有我的父母、老师、同学和村里 20 多人呢!我家都挤满了,大家都想听听您的声音……"遥远的地方传来田柯兴奋的声音。

"听你妈妈说,你有话要跟'知心姐姐'说?"

"对呀!我要谢谢您,是您的书改变了我妈妈,她不再骂我了,而且老鼓励我,现在我进步了,我当然要感谢您了!"

田柯在电话里讲述了自己的变化、班里同学的变化,同时转达了他们的老师对"知心姐姐"的感谢。

看,这就是"爱的语言",这就是"爱的鼓励",几句鼓励的话竟然真的能够改变一个孩子。今天,我也要和田桃花一起说:"'太好了',真是太好了!"

用爱的渴望调动孩子

聪明的父母总会给孩子留点"渴望"的余地

渴望，能给孩子带来快乐。

"六一"不仅是孩子们的节日，也是大人向孩子"奉献"爱的日子。好吃的、好穿的、好玩的、好看的……五花八门，琳琅满目。在大人看来，今天的孩子够幸福的了，比自己小时候不知道强多少倍。可是，当我走进孩子的世界，我却发现今天的孩子并不快乐。

这是为什么呢？原来，他们被过量的好东西淹没了，他们无法在渴望中体验快乐了。欢悦产生于强烈的需要得到满足之时。没有需要，就无所谓欢悦。对一个渴得要命的人来说，一杯清水胜于金子。如果一个孩子总没有渴望得到某个东西的机会，该是多么不幸啊！

记得新中国成立十周年时，十岁的我被选为北京市献花队的成员，去人民大会堂向中央领导献花，去机场迎接外国贵宾。当时，家里没有钱给我买新衣服，妈妈答应亲手为我缝制一条背带裙。我盼啊、盼啊，当我穿上那条崭新的红白格背带裙时，喜悦和感激的心情难以言表。时隔40年，妈妈在灯下为我赶制新衣服的情景还历历在目。我至今认为，那是我50年中穿过的最漂亮的裙子，虽然布料只是人造棉的，但那是我朝思暮想后得到的，于是我倍加珍惜。

今天的生活水平比过去有了很大的提高。但是，溺爱孩子的父母却没有发现，过分充足的东西竟然剥夺了孩子的快乐。什么都来得轻而易举，他们感觉无所谓，不珍惜也不兴奋。孩子还不想骑童车的时候，你就为他买来了，他便没有了学车的兴趣；他不想读的书，你非要买回家不可，他连看也不看，可是他自己借来的书，却读起来如饥似渴……这种事情在生活中真是屡见不鲜。

我大哥从小动手能力就很强。他回忆说:"上中学的时候,我特爱摆弄木工活儿,可是家里的刨子很难使。一次,我想用一条硬木椅子腿刻一把小提琴把,希望买一个刨子。虽然只需要五块钱,但当时家里生活困难,不好意思向妈妈要。妈妈知道后说,你能做成就给你买。我用旧刨子满手磨出了水泡,最后终于做成了。妈妈给我买了新刨子,当时真是如获至宝啊,我用了好多年,一直保留到今天。现在,我对两个女儿也是这样。她俩在美国读书,从上中学开始,我就让她们利用节假日自己打工挣钱了。我常对她们说:'想要漂亮衣服吗?想住宽敞房子吗?自己去挣!'她们学习都很努力,知道美好的生活要靠自己奋斗。"

人总是在得不到时最想得到,轻易得到的东西反而不珍惜。要做聪明的父母,就给孩子留一点"渴望"的余地吧!

用爱的细节感染孩子
善于收集爱的细节的人充满激情

细节,最容易感染人。

一部小说,催人泪下的往往不是那恢弘的大场面、大事件,反而是一些小小的细节。

我的体验是,善于发现爱、感受爱,把爱的细节当作"珍珠"一颗颗串起来珍藏的人,会成为世界上最富有的人。因为这"珍珠"使他永远对生活充满热情,不断产生生命的激情。

细节,需要发现,更需要感悟。正如一个名人所说:"生活中不是没有美,而是缺少发现。"

爱的细节每时每刻就在我们身边,看你有没有发现,会不会拾起,能不能保留。

上小学时,同学给我起了一个绰号"火炉子",我很喜欢。也许是这个绰号的定位,使我从小就对人保持着火一样的热情。走上工作岗位以后,有人说我是"扑不灭的火焰",总是那么乐观,很少有悲伤的时候,什么困难、挫折、打击都不能把我压倒。

那么,人的热情从哪里来呢?从爱的感受中来。当你感受到周围的人都爱你时,你自然会产生回报爱的热情。

所以,光给予孩子爱是远远不够的,重要的是让孩子学会体验爱、收集爱,把爱化为对生活、对周围人的热情。

在我记忆的宝藏里,收藏着许许多多爱的"珍珠",它们时时在发光,让我心动。

30年前,我是一名北京知青,在吉林省白城地区镇赉县插队。

有一天,我乘长途汽车外出办事。车在不平坦的路上颠簸行进,我昏昏欲睡。忽然，"砰"的一响，我的头撞在了玻璃上，车上的人笑了。我不好意思地摸摸被撞疼的头，硬撑着睁开眼睛。车子继续往前走，"砰"的又一响，我的头又撞上了。这次全车的人都哄堂大笑。

我命令自己不要再打瞌睡，可不知不觉，又睡着了。

等我一觉醒来，发现自己的头正倚在车窗的玻璃上，可感觉却是软软的。定睛一看，原来是一只大手。我回过头，只见伸出手为我垫着头的是一个陌生的农民。他憨厚地笑了笑说："脑袋老撞在玻璃上，怪疼的！"

一句平平常常的话让我热泪盈眶。这就是东北农民的爱！

这里的农民总是说："你们北京知青是从毛主席身边来的，我们没去过北京，见不到毛主席，可我们能见到毛主席身边的人，这也是福分啊！"

凭着这种朴实无华的感情，他们对北京知青充满了爱。

有一次下大雨，我们集体户的屋子漏雨，外面大下，屋里小下。我们几个女生忙成一团，把所有的脸盆全找出来接雨水。忽然，屋里的雨"停"了，仔细听听，外面还是大雨滂沱。

怎么回事？

我们几个女生忙跑出屋，往屋顶上一看，只见生产队长赵春穿着雨衣，打着一把大伞，正坐在房上给我们挡雨呢！见我们跑出屋来，他一个劲儿地喊："快回屋，淋湿了，要生病的！"可他自己呢，就不怕生病吗？

这也是东北农民的爱！

正是这点点滴滴爱的情怀，滋润了我们这些远离父母的城里孩子，也让我们跟这片神奇的土地结下了深厚的感情；正是这点点滴滴爱的情怀，让我们这些在农村吃了许多苦的知青虽然回到了城市，但却永远忘不掉那里的父老乡亲。

那时，我多么想回报老乡们的爱，但又没有钱。于是，我用红蓝两色笔画了好多好多张"天安门"，送给老乡们。当我看到他们得到"天安门"那如获至宝的高兴劲儿，心里十分激动。"天安门"在我心中也更加神圣无比。

多年来，我一直在想，如果有时间的话，我要写一本《爱的故事》，把我感受到的爱的细节记录下来，留给我的儿子，送给我的丈夫、哥哥、姐姐和妹妹，送给所有关心我、带给我爱的老师和朋友。

我在为这一天努力着。

用爱的管教约束孩子
过度的爱往往会剥夺孩子童年的快乐

爱孩子绝对不是纵容孩子，放任自流。做父母的必须大胆管教儿女，约束他们不正当的行为。要把管教和爱紧紧地结合在一起，缺一不可。

爱孩子，就要用"爱的管教"约束孩子。管教是一门艺术，其中有几点要注意：

一、培养孩子尊敬父母的意识

孩子与父母的关系是一个孩子首先面临的最重要的社会关系，这种关系是孩子与他人交往时所采取态度的基础。所以，让孩子尊敬父母，是对孩子的一生负责。

有一次，一对夫妇来找我，说他们对13岁的儿子已经束手无策了。他们说，儿子无法无天，完全凌驾于父母之上。如果让他独自在家的话，不知道会把家弄成什么样子。夫妇俩在我的办公室坐了不到一个小时，就往家里打了三次电话。

我请他们把孩子带来。

过了几天，他们把儿子领来了。没想到，这个让父母如此操心的孩子竟然跟我一样高。他当着我的面就敢指着父母鼻子顶撞父母。而他的父母呢，只是摇头叹气，不敢大声说他。

"怎么能这样呢？他们是你的父母，你要尊敬他们！如果你继续无礼，就请你出去！我可不想见这样的孩子！"我的口吻非常严厉。

男孩被我的话镇住了。

我单独跟他交谈了一会儿，他很小心地讲了一些自己的事情。后来，几乎每个星期天他都来电话，讲他自己、家里和学校的事情。他做得好的，我就表扬；做得不对的，我也毫不留情地批评。

过了一段时间，他懂事多了。他的父母对他的变化很是惊讶。后来我才知道，他们的孩子不受管教由来已久。儿子第一次顶撞妈妈是三岁时，妈妈只当作儿戏，根本没有在意。从那以后，妈妈再也没有占着孩子的"上风"！父母输掉了与孩子交锋的第一个回合，以后再有冲突就难以"取胜"了。正像一名教育学家所说："若是你不能使一个五岁的孩子把玩具从地上拾起来，你就不可能在孩子步入青春期这个一生中反抗最激烈的时期施行任何程度的有效控制。"

纵容孩子无礼，等于埋下了犯罪的隐患。

二、不让无理取闹的孩子得到好处

一次，我去商场买东西，看到一个两三岁的孩子要买一个很贵的玩具，妈妈没有给他买。这孩子大哭大闹，先是对妈妈拳打脚踢，后来索性坐在地上撒泼。这位妈妈觉得十分难堪，怎么劝怎么哄也不行。妈妈叹了口气，拿出钱包，准备"屈服"了。

我制止了她："不能惯着他！不能让无理取闹的孩子得到任何好处，不然你一辈子要受苦。"我劝她马上"离开"，不再理这个孩子。孩子哭得更厉害了。

我对这个孩子说："你就坐在地上哭吧。你看，妈妈已经走了，她才不会给一个这么不懂礼貌的孩子买玩具呢！大家也不会理你的！"说完，我摆摆手，让围观的人全都走开。

孩子把抹眼泪的手指分开一道缝，看了看，大家都走了，妈妈也"走"了。他立刻停住了哭声，爬起来去追妈妈。看到妈妈头也不回地往前走，孩子急了，喊着："妈妈，等等我！我不闹了！等等我！"

妈妈赢了，无理取闹的孩子输了！

如果妈妈心一软，买了那个玩具，孩子也就"没治了"。从此，妈妈将成为孩子感情讹诈的受害者。要知道，多少"小霸王"就是在纵容中学坏的!

这一招,是跟我的母亲学来的。她很爱孩子,但从来不纵容孩子。她对我们是这样,对我们的孩子也是这样。

记得我儿子五岁时,一天,全家人在他姥姥家团聚。马上要吃饭了,儿子却哭着闹着非要去买玩具枪不可,谁说也不听。

他姥姥过来了,对他说:"你就哭吧,哭不够就对不起我们。我们可要吃饭了。"

我们真的开饭了,谁也不再理他。姥姥一边吃,一边对我们说:"我不怕孩子无理取闹,但我不会给这样的孩子一点好处。即使想买的东西,这样一哭就不会买了。你们不能惯孩子。饭,咱们都吃了,不给他留。"

儿子听了这话,停住了哭声。他最爱吃姥姥家的饭了,这回可要吃不上了,怎么办?

这时大姨趁机逗他:"悦悦,好汉不吃眼前亏。知道不对还不赶快来吃,东西买不成,好吃的再吃不着,你是不是太亏了?"

听大姨这么一说,儿子马上坐到大姨身旁:"买不成我也不要了,还是先吃吧!"

全家人都笑了,都说他会找台阶下。

有人说,"三岁看大,七岁看老",不是没有道理。有些坏习惯往往是从小养成的。所以,我们做父母的要有一个信念:孩子每一次无理取闹,绝对不能让他得到好处,尤其是第一次。

三、严厉的管教之后是沟通的最佳时机

当父母与孩子的"激战"停止,孩子的胡闹没有得逞时,他会明白自己是"咎由自取"。这个时候,孩子常常对父母做出亲昵的举动,往往是父母与孩子沟通的最佳时机。因此,父母不应该害怕冲突,或者在冲突时退却。我们要把冲突看成"重要事件",因为它提供了跟孩子交流、沟通的机会,这时候谈话的效果多是其他时候无法达到的。

一番宣泄后,小孩子往往想依偎在父母的怀里,父母应该张开温暖的双臂欢迎他。你可以耐心地跟他谈谈,因为这个时候你的话他容易听进去。

对孩子批评之后,要适当地鼓励,施以父母的温情,对孩子要求的合理部分要给予满足。这等于告诉孩子,父母是爱他的,父母否定的不是他本人,而是他的不恰当行为。

这样,管教孩子就有了一个充满爱的结尾。

用爱的胸怀包容孩子

所有的生命都该得到尊重，孩子无罪

孩子的成长需要广阔的空间。

世界上什么地方最广阔？是人的心灵。

法国作家雨果有过一段很恰当的比喻："世界上最宽阔的是海洋，比海洋更宽阔的是天空，比天空更宽阔的是人的心灵。"宽阔的心灵能包容万物，父母的心能包容各种各样的孩子。

作为父母，要容得下那些学习差、淘气的孩子和所谓的"问题孩子"；作为社会，要容得下那些"问题父母"的孩子。不论孩子的父母是谁，哪怕是罪犯，我们都应该坚信"孩子无罪"！

我有许多大朋友、小朋友，其中有一个男孩的名字，我一直记在心里，他叫姚俊峰。

我忘不了那个特殊的日子——1991年11月5日，《中国少年报》40岁生日。那一天，报社在金碧辉煌的人民大会堂举行了新老读者联谊会。我和两名小读者共同主持大会。

忽然，一名英俊的青年军人站在我面前，恭恭敬敬地向我行了一个军礼。

"'知心姐姐'，还认识我吗？"

我细细打量着他，中等个儿，脸上洋溢着自豪与兴奋，但面孔却有点陌生。

"你是——"

"我是姚俊峰呀！您去过我们学校。六年前，我是石家庄的一名小学生。"

"噢，姚俊峰！我记起来了，你就是当年那个'金猴型'好队长。"

"正是。当时我爸出了事进了监狱,可我还被评为'全国好队长',我爸很感动。后来我当了兵入了党,现在给部队首长开车。我从心里感谢您,感谢《中国少年报》!"

姚俊峰的话勾起了我的回忆。

1986年,我是《中国少年报》的编辑部主任,并主持《知心姐姐》栏目。我策划组织了"全国好队长"评选活动,根据孩子们的建议,评选出来的好队长,以"大雁型""金猴型""蜜蜂型""小老虎型"命名。

有一次,我去石家庄采访,少先队总辅导员张小春老师向我汇报了这样一件事:有个叫姚俊峰的六年级学生,是个淘气的男孩,但他点子多,热爱集体,爱帮助人,还很有组织能力,同学们想推选他当"全国好队长"。但就在这时,他爸爸犯罪入狱。罪犯的孩子能当好队长吗?孩子们议论纷纷。

"能。孩子无罪!"我十分坚定地回答,"只要符合评选条件,无论是谁的孩子都有权利参加评选!"

后来,姚俊峰果然当上了"全国好队长"。他爸爸在监狱里听到这个喜讯,感动得放声大哭。他说,没有想到我犯了罪,孩子不仅没有受到牵连,还获得了全国大奖。从此,他认真改造,连连受奖,终于被提前释放。

天下所有的孩子都需要包容。苏霍姆林斯基说过:"有时宽容引起的道德震动比惩罚更强烈。"父母的宽容,会让孩子有一个更宽松的成长空间。

为了爱,学会包容孩子吧。

第五章
真正的爱是什么——施爱八法

 把爱的机会还给孩子
付出你的爱，你会得到真正的快乐

爱是什么？

爱是一个口袋。往里装，产生的是满足感；而往外掏，产生的是成就感。

爱是什么？

爱是一种感受。一个人在被他人需要时，才能感受到自己的价值；一个孩子在被大人需要时，才能感受到自己幼小的生命是多么伟大，于是感悟到一种深深的爱意。

记得有一次，我去重庆开办"知心电话"，重庆团市委少年部部长饶勤带着她四岁的小女儿陪我去风景区游览。

一进山，小女孩就问我："你来过这里吗？"

"从来没有来过，如果迷路了，我肯定找不到家。"我装着很为难的样子说。

"没关系，有我呢！"小女孩马上用力地拉住我的手，蛮有把握地冲我说。

"好，好，有你我就放心了。"我高兴地回答。

要坐缆车上山了。那种缆车我还从没坐过，心里真有点紧张。

"不行，我害怕，掉下去要摔死的。"我假装担心地说。

"别怕，有我呢！"小女孩老练地扶我上了缆车，紧紧地挨在我身边，微笑着对我说，"怎么样，不害怕了吧？有我在你就可以放心了。"

我一下子被这个可爱的女孩感动了，我觉得被孩子爱、被孩子"关怀"的感觉真好！

分别时，她问我："你玩得高兴吗？"

我蹲下身来,看着她那双美丽的眼睛,动情地说:"今天幸亏有了你,我玩得太高兴了,一点也不害怕了!"

"下次你来,请打电话通知我,我还会来陪你!"女孩一脸真诚地说着,从兜里掏出一张写着她家里电话号码的小纸条。

第二天,她的妈妈告诉我,女儿回家后异常兴奋。她对爸爸说,自己是一个重要人物,如果没有她,"知心姐姐"可就"惨"了。

对成人来说,接受孩子的爱是幸福的、快乐的;对孩子来说,给予别人爱,别人能理解、能接受、能感悟到,比接受成人的爱更快乐!然而,我们许多父母,却把孩子爱的机会垄断了,爱的权利剥夺了。在独生子女家庭中,孩子被各种各样成人的爱包围了,所有的大人都比孩子"强大"、比孩子有"实力",孩子没有爱大人的机会,反而被大人爱得"死去活来"。

一个女孩正在家里写作业,爸爸下班回来了。孩子刚刚在学校接受过爱的教育,她马上倒了一杯茶水,递到爸爸面前:"爸爸,请喝茶!"

谁知,爸爸冷冰冰地说:"去去去,写作业去!别趁机跑出来玩!谁用你倒茶,多考个100分比什么都强!"

孩子心中刚刚萌发出来的爱的火花一次又一次被父母无情地扑灭了。渐渐地,孩子明白了,父母所要求的就是他考高分,上重点学校,别的什么都不需要了。然而,这不是所有孩子都能达到的目标啊!于是,许许多多孩子变得心灰意冷、玩世不恭,不再关心别人,也不懂得爱别人了。

辽宁省的一份调查表明,59.18%的家长在养育孩子上不惜代价,孩子要什么就给什么。每月给孩子零花钱在50元以上的占27.02%,其中超过百元的占7.85%。孩子每周从事家务劳动的时间极少,18.72%的学生根本不参加任何家务劳动,47.78%的学生只参加一小时以下的家务劳动。因此,60.12%的学生不会洗衣服、做饭,54.75%的学生上下学时需要家长接送;7.81%的孩子能"讲究卫生",41.19%的家长是把洗脚水端到孩子面前的("经常如此"的占4.8%,"偶尔如此"的占32.6%)。

就这样，"累坏了"父母，"闲坏了"孩子。久而久之，孩子认为，这些是父母应该做的，谁让他们当了爸爸妈妈呢？也不能白当啊！

真正爱孩子的父母，要在孩子面前表现得弱一点，给孩子一点爱他人的机会。别总把自己看成是高山，视孩子为小草，让孩子靠着你、仰视你、惧怕你；更不要当大伞，视孩子为小鸡，为孩子遮风挡雨，让孩子弱不禁风。

换个位置、换个形象吧！让孩子做高山，孩子就会长成山；让孩子当大伞，孩子就能顶天立地。

第六章

亲子双赢的诀窍——沟通九招

有一年春节,我和高中同学聚会。昔日一起读书的少女,如今年近半百,谈起我们的中学生活,一个个兴趣盎然;可说起我们正在上学的孩子,一个个却唉声叹气。

一个同学对我说:"我们这代人上要照顾老,下要照顾小,好不容易把儿子养到十几岁,上了高中,竟然跟我们没话说,和他爸爸更是一见面就吵。儿子整天把自己关在房子里,不许我们进他的屋。我要是想跟他说句话,也只好写个纸条从门缝塞进去。我真是又难过又憋气。你是'知心姐姐',你说说,我们跟儿子的关系怎么才能改变?"

她的话引起了大家的共鸣,许多同学都把目光投向我。我沉思着,眼前仿佛出现了一个男孩设计的《家长报》。

这个男孩是北京崇文小学四年级的学生。在一个飘雪花的日子,他的班主任徐老师请我去为同学们自办的小报评奖。让学生自己办报的建议是我提出的:每个同学都设计一张小报,每天贴一张,这样就等于出"日报"了,还让孩子们都有成功的感觉。如今,孩子们的报纸真的办起来了,我当然要去祝贺。

评比会开得十分热烈,五彩缤纷的小报展现在眼前,那些充满童趣的图画、别出心裁的设计,令人目不暇接。作为评委,我真不知道评哪张优秀才好。可以说,45张小报,张张都是那么出色。其中给我印象最深的,是一个男孩设计的《家长报》的报头:图案由涂实的红、绿、蓝三个圆组成,红色的在上,绿色、蓝色的在下,三个圆交叉在一起。

第六章
亲子双赢的诀窍——沟通九招

"能不能谈谈你的设计思想？"我认真地向小设计师发问。

男孩子站起来，神气十足地说："红圆代表我，绿圆代表我妈，蓝圆代表我爸。红圆与绿圆交叉的地方，说明我妈爱我，我爱我妈；红圆与蓝圆交叉的地方，说明我爸爱我，我爱我爸；绿圆与蓝圆交叉的地方，说明我妈爱我爸，我爸爱我妈！"

"太好了！"我禁不住为他的想法拍手叫绝。

教室里忽然响起热烈的掌声，鼓掌的是孩子们！

从这个男孩的设计中，从孩子们的掌声中，我理解了他们，他们需要自己独立的世界，他们把自己看成是和父母完全平等的。在他们心中，家庭是由三个完全平等的世界组成的，每个世界都是独立的，又是交叉的，也是互相支撑的。他们骄傲地把自己的世界设计成红色，而且放在上面。他们知道，自己是父母心中的太阳，是父母爱情的结晶。他们多么需要父母的爱，多么渴望与父母沟通！

在全国第一个文明社区"知心家庭学校"——北京市朝阳区和平街社区"知心家庭学校"成立那天，我作为名誉校长讲了第一课。面对朝阳师范附小的20名孩子和20名家长，我请两个家庭用圆设计出"知心家庭学校"的标志。

一个女孩设计的图形，几乎和崇文小学那个男孩设计的一样。不同的是，她设计的图形，上面的圆代表爸爸，左下角的圆代表她自己，右下角的圆代表妈妈。看来，在她的心中，爸爸是至高无上的。另一个不同是每个圆上都画了一张笑脸。她解释说："希望全家快乐！"

领导评委们听了这个女孩的设计思想，一致说好，并当场决定，全国"知心家庭学校"的标志，就按照孩子们的思路来设计。

孩子们的设计意图，向我们做父母的表达了这样的心愿：相互依托，相互合作，相互沟通。这应该是现代"三口之家"，也就是独生子女家庭应该具备的人际关系。

假如让爸爸妈妈画一张家庭关系图，我相信，大部分父母都会在一个大圆里画上小圆，代表一种包容、从属的关系。在父母的心目中：孩子属于我，我可以主宰孩子，孩子必须服从我，我可以给你好吃的、好

喝的、好穿的、好玩的……管你喜欢不喜欢,"爱你没商量"。

而如今,"三人世界"的家庭并不太平并不和睦,有的"三人世界"竟然发生对抗,甚至发生"战争"!

为此,大人伤心痛苦,孩子也觉得活得很累。

怎么办?怎样把对抗变为对话?怎样实现沟通?

我想,最重要的是:相互理解,相互尊重,相互学习。

让孩子倾诉——坐下来听
静静地听，有时胜过千言万语

有心理学家认为，父母让孩子通过语言把所有的感情——积极的和消极的——都表达出来，是对孩子最大的保护。

作为孩子，总希望父母能与他共享快乐或分担愤怒、恐惧、压抑、悲伤，而我们这些做父母的，却往往只爱听"好消息"，不爱听"坏消息"。长此以往，孩子失望了，觉得什么事情对父母说了也是白说，还不如将坏心情埋在心里。久而久之，消极情绪找不到发泄和化解的渠道，积累到一定程度就可能突然爆发，变成一种对抗情绪，以致给自己和家庭带来损害。

有一天，我刚刚做完胃镜检查，嘴里的麻木感觉尚未消失，BP机就急切地响了起来。呼我的是北京市教委的同志。她告诉我，一个初一女生吃安眠药自杀，刚刚被抢救过来，醒来的第一句话就是要见"知心姐姐"，说死前有话要对"知心姐姐"讲。

人命关天，我当然不能耽搁，况且，她对"知心姐姐"又是那么信任。

女孩的妈妈开车来接我，流着泪向我介绍了孩子的情况。她叫小雪，是个要强、心细又富有爱心的女孩。事情发生后，她拒绝跟爸爸妈妈对话。为此，妈妈很难过也很担心。

当我们赶到她家时，小雪早已让爸爸扶着从六楼走下来等着。她两腿软软的，走路跌跌撞撞，下巴还贴着块纱布。女孩的妈妈说，这是她打完药从昏迷中醒来，在家里楼梯上摔下来弄的，流了好多血，还缝了几针。

回到屋里，小雪对父母说："你们先出去吧，我想跟'知心姐姐'

单独谈谈。"

我们俩面对面地坐着,她开始跟我说话。

"我能把咱们的谈话录下来吗?我回去慢慢听。"我小心地征求她的意见,因为我觉得两个人谈话做笔记不太好。

原以为她会拒绝,不想她倒是挺大方:"可以,您录吧,不过不要登报,不要用我的真实姓名。"

"我完全能做到,谢谢你对我的信任。"我感激地说。

"真没想到,我还能见到您。您知道吗,我吃了半瓶安眠药,早应该死了。不知道为什么没有死,可能是我不该死吧,死了我也见不到您了。"

我什么也没有说,只是静静地听着。

"我是分两次吃的。第一次吃完,我想起爸爸妈妈、老师同学都很爱我,我有些舍不得离开他们。可又一想,活着也太没有意思,太累了。每天晚上睡觉,总是有许多妖魔鬼怪缠着我,我很害怕,又摆脱不了。我又一次把药倒进嘴里,之后,我就什么也不知道了。醒来一看,很奇怪,我居然还活着。"小雪平静地说着,好像是在讲别人的经历。

"死是很痛苦的,下决心死也不容易。你为什么要死呢?"我心疼地问。

"活着更痛苦。上小学的时候,我学习很好,老师喜欢我。我会打木琴,同学们也很羡慕我。上中学以后,我的学习中等,老师不怎么爱理我,同学也挺自私,没有爱心。我们班有个同学病了,我想约几个同学去看她,可是谁也不肯去,还说什么'她有病关我们什么事'。我自己用零花钱买了鲜花去看那个生病的同学,可是她连一句感谢的话都没有……我觉得人世间太冷漠了!"

"他们这样做一定很让你伤心,对不对?"

"对,"她接着说,"最后连我最好的朋友都背叛了我。她把我写给她的密信交给了老师!"这时,她的情绪有些激动。

"这封信很重要吗?"我关切地问。

"重要。信上说,假如我死了,我的信用卡上有5000块钱,留下500块给她,其余的去资助一个贫困地区的孩子……"

"你的朋友一定听说你要死了很害怕,才告诉老师的,她也是个十几岁的孩子,哪里经得起这么大的事情啊!假如是你,你也会这样做的,对吧?"我尽量顺着她的思路说我的看法。

"对,我也会这样做的。现在,我可以原谅她。"女孩表现得很宽容。看得出,她跟朋友的感情还是很深的。

我俩谈得很投机,但实际上主要是听她讲。小雪有很强的表达能力,思维也很清楚,声音有气无力的,但十分悦耳。她的话,不仅让人能听得进去,有时还很能打动人心。

"你很有能力,你讲的故事可以写部小说了。如果真死了,怪可惜的,也许中国因此就少了一位女作家呢!"我情不自禁地说出对她的看法。

"我妈可不像您这样看。她对我要求很高,让我将来出国留学,整天催着我学习、学习,弄得我很烦也很累。"说起妈妈,她眼圈有点红。"她为我操碎了心。她是个女强人,老想让我为她争光,她活着也挺累。"

不知不觉地,我们谈了将近两个小时。

"好了,我心里的话都跟您说了,我也觉得好受多了。我妈从来没有这么跟我说过话。"她是一边打着点滴一边跟我谈话的。这时候,她看上去有了倦容。

"您也应该休息了。在我家吃了饭再走吧。"

我把小雪扶上床。她的妈妈已经把饭做好,端了上来。我匆匆吃了两口。临走时,小雪突然从床上爬起来,跌跌撞撞地走出屋,贴着我的耳朵轻声说:"您录下来的东西,想怎么用就怎么用吧!"我被她的真诚与信任深深地感动,感激地搂住她,并亲了亲她的脸颊。

回到家,我的心情很不平静。我急切地打开录音机,想听听小雪那美妙而略带忧伤的声音。这时才发现,我的录音机不知怎么出了故障,我们之间的谈话,根本没有录上。遗憾之余,我又感到一丝欣慰——因为,小雪的一切已经深深印在了我的心里。

几天后,北京市教委的那个同志告诉我,小雪很感激我去看她,并对她妈妈说:"您瞧人家'知心姐姐',能跟我面对面坐着,用眼睛看着我,微笑着听我说每一句话,听得那么专心,那么爱听我说。您可是从来也没有这样听过啊!"

这又一次让我感动了,并真切地感觉到倾听的分量。小雪刚刚从死亡线上被救回来,第一个需求便是希望有人听她倾诉。没有人理解她,是她选择死亡的原因;而有人关注她的倾诉,又给了她生的希望。

无论是大人还是孩子,只有觉得对方能真正理解他的想法时,才能听得进对方的话。我们在听了孩子的想法后,立即用自己的语言重复其中的要点,并同他交流,孩子会觉得我们一直在认真倾听,对他是尊重并理解的。那么,孩子无论怀着什么样的心态,都能够表现得平静,对问题的解决也会有利。

跟孩子交流,有时候并不需要我们自己说,只要静静地听孩子把话讲完,孩子也就满足了。父母作为倾听者所给予孩子的关注、尊重和时间,是对孩子最有效的帮助。

有个妈妈声带上长了结节,医生强迫她噤声,至少十天不许说话。

这天,儿子放学回家,进门就嚷:"我恨老师!再也不到学校去了!"

如果平时听到儿子这么说,妈妈一定要严厉地训斥他。但是,这一次她没有这样做——她不能讲话,只能看着下面会发生什么样的事情。

气愤的儿子蜷伏在妈妈身边,把头枕在妈妈的膝盖上,伤心地哭着:"妈妈,今天老师叫我们写一篇作文,我拼错了一个字,老师给我指出来,结果同学们都笑我,真没面子!"

妈妈只是搂着伤心的儿子。儿子沉默了几分钟,从妈妈怀里站了起来,平静地说:"我要去公园了,同学还等着我呢。谢谢妈妈!"

妈妈的沉默给了儿子一个倾诉的机会,使他能够向妈妈吐露内心的痛苦。妈妈明白了,孩子并不需要父母的教训和忠告,他受了委屈,需要有人倾听他的诉说。

沉默有时胜过千言万语。这是人与人之间的相互交流、相互沟通的一个奥秘。你能够理解这无声的交流吗?你能够学会使用它吗?那么请坐下来,静静地听孩子说吧!

和孩子平视——蹲下来看
用孩子的眼睛看世界，才能看懂孩子的心

我听到过这样一个故事：一个大人发现有个孩子聚精会神地蹲在路边观察蚂蚁，便问："小朋友，你在干什么？"孩子仰起稚气的脸得意地说："我在听蚂蚁唱歌。"大人哈哈大笑："蚂蚁怎么会唱歌？"孩子不高兴地回答："你不蹲下来听，怎么知道蚂蚁不会唱歌？"

这使我不由得想起一个爸爸的切身体验："蹲下来，和孩子平视。"在《写给年轻妈妈》一书中，我曾经谈到这个儿童电视节目主持人讲的十分有意思的事情。

他的三岁女儿跟他很要好，可他发现，女儿最不爱逛商店，每次都哭闹着不愿进去。他百思不得其解：商店比家里好玩多了，小孩子为什么不爱去呢？一个偶然的机会令他发现了其中的奥秘。

一天，他领着孩子在商店熙熙攘攘的人群中挤来挤去。女儿的鞋带开了，他蹲下来给孩子系鞋带时忽然发现，出现在自己眼前的不是琳琅满目的商品，而是森林般的大腿和来回摆动的大手，一个个见棱见角的大提包，不时碰到孩子的小脸和身体……他明白了。

"这里太可怕了，我们一分钟都不待了，马上回家去！"他大声地对女儿说。可是当他把孩子扛到肩上准备离开时，孩子笑了，不想走了。哇，原来她看见了漂亮的玩具。

这给我很大启示：与孩子平视，是每个父母应该遵循的原则。

父母要被孩子接受，是不是也应该找准自己的位置，蹲下来，听孩子说话，了解他们的思想，知道他们要做什么呢？有许多事情，用我们成人的眼光来看，怎么也理解不了，这就需要做父母的有变换角色的意识，抛弃自己的偏见。用孩子的眼光来看他们的世界，才能看懂孩子。

写给世纪父母

与孩子商量——相互尊重

商量的魅力在于，使自己学会从别人的角度思考问题

两代人的沟通，最重要的是相互理解、相互尊重。而实现相互理解、相互尊重的方法是——学会商量。

我从儿子的成长中体会到：商量，能使家庭关系变得和谐；商量，能使孩子得到大人的尊重，从而使孩子懂得尊重别人，并学会用商量的办法去对待父母和他人。

上小学时，有一天，儿子对我说："妈妈，和您商量一件事。"

"好啊！"我洗耳恭听。

"过两天学校要组织春游，要坐车、买门票，天这么热，还要买点饮料。您能不能给我五块钱？"儿子捏着手指算着。

"可以。"我毫不犹豫。孩子出去玩，给点钱是应该的，何况他的理由那么"充分"。

儿子看我这么痛快，来了精神。"您可能好久没去颐和园了，里面许多地方都要门票，您能不能再多给我两块钱？"儿子"得寸进尺"了。

我看他那认真的样子，觉得这个理由也能接受，于是又答应了："好吧！"

儿子看自己的"游说"成功，情绪更高了："要不然，您再加一块钱，给我八块钱算了，万一有同学带的钱不够，跟我借呢！"

这话也有道理，看他那费劲的样子，我改变"战术"，"以攻为守"了："这样吧，我给你十块，由你自己支配，节约归己，好不好？"

"真的？OK！您真是个痛快妈妈！"儿子喜出望外。

出乎我意料的是，这次春游儿子只花了三块钱，用来买门票、交车费。

儿子的班主任告诉我："这次春游，你儿子什么都不买。中午吃饭时，大家都去买饮料，他也不去买。我们问他为什么，他神秘地告诉我'节约归己'。"

后来听儿子说，许多同学买吃的、买喝的，春游变成了"吃游"；还有的同学把剩下的钱买了小飞机，三元钱一架，一会儿就飞丢了好几架，多可惜呀！

儿子上中学以后，追求独立的思想逐渐占上风，越来越需要获得他人的尊重。

高三上学期，儿子提出周六要和三个男生去另一个男生家住一晚，欢度中学的最后一个新年。我没有同意，理由是——老师说了，不让到同学家过夜。当晚，谁也没有说服谁，儿子也没再坚持。过了几天，儿子忽然问我："妈妈，您写的书没有人看怎么办？"我以为他指的是那本《写给年轻妈妈》，便很有把握地说："有人看，这本书发行200万册了。"

"我是说，假如没人看，您会是什么样的心情？"儿子换了一个角度提出问题。

"那我当然会伤心的。"我坦白地说。

"这就对了，"儿子一拍大腿，"您想想，同学的妈妈听说我们要去，晚饭都准备好了，屋子也收拾出来了，可我们又不去了。人家白准备了，一定也会伤心的。是不是这个道理？"儿子显然比小时候能说多了。

"道理是这样，可学校开家长会时说了，有几个同学去别人家过夜，家长们有意见，所以不同意这样做。"我再一次申明反对的理由。

"那几个同学事先没有和家里商量好，让家长着急了，家长当然反对了，我这不是和您商量嘛！"儿子耐心地解释着。

听到"商量"这个词，我动心了。是啊，儿子为了达到目的，真是煞费苦心，他用"商量"来说服我，我有什么理由拒绝呢？于是，我同意了，并嘱咐他早一点回家。

儿子乐了："我早知道妈妈是个明白人！"他有一种"成功"的喜悦。

从儿子幼儿时期直到高中时代，我一直用"商量"的办法同他相处。"商量"使亲子间增进了感情,避免了冲突和对抗;"商量"使儿子学会了从别人的角度来观察事情、思考问题,学会了民主和平等、尊重和友谊。

  回想儿子成长的经历,我深深地感受到,孩子有独立的世界,这个世界蕴藏着极大的潜能。潜能的开发,要靠个人努力,更要靠父母的尊重、赏识和肯定。父母应当相信,孩子的世界会比自己的世界更辉煌,因为他们属于未来。有了这样的认识,才能平等地面对他们,真正地尊重他们,由衷地赞美他们,他们才有可能以自己的健康成长来回报我们。

第六章
亲子双赢的诀窍——沟通九招

 让孩子决定——学会选择

学会选择的人，才能把握好自己的命运

选择是一种能力。

人的一生中，会遇到无数选择的机会。机会永远只属于有准备的人。如果一个人从小就有意识培养自己选择的能力，那么就有可能抓住机会，走向一个又一个成功；如果事事都靠父母替他选择，离开父母就束手无策，那么机会就会与他擦肩而过。

选择的能力是从小培养的。父母要对孩子一生负责，就要把选择的权利交给孩子，切不可包办代替，因为人生的路还要靠孩子自己走。

1969年初，六八届中学毕业生面临着三种选择：去农村插队、去生产建设兵团、留北京工厂。我征求妈妈的意见，她说："去哪儿你自己定吧。"我选择了去吉林农村插队，妈妈支持了我，尽管她很想让我留在她的身边。但火车开动时，她只说了一句话："别把东西丢了。"从她坚毅的目光里，我看出了她对我的选择是放心的，唯一不放心的是我丢三落四的毛病。

离开了父母，离开了老师，我才真正感觉到踏上了人生的道路，我遇到了一次又一次的选择。

知青分队那天，许多同学围着大队书记，请求去条件好一点的生产队，谁也不愿意去最穷、最偏远的巨丰山生产队。那里到处是盐碱地，树都种不活，农民生活很苦。

巨丰山的生产队长赵春，一大早赶着马车来接知青。他特意穿了一身崭新的黑条绒夹袄，长鞭上系着红缨子，枣红马的毛刷得亮亮的。可一听说知青不愿去巨丰山，一时没了情绪，蹲在地上"吧嗒吧嗒"抽起了大烟袋。

这一切，我都看在眼里。我想：既然来了，到哪儿去不是一样！穷点、富点又有多大差别！再说，大家都不去巨丰山，巨丰山的乡亲该多失望呀！我把这个想法告诉了同来的两个伙伴，没想到她俩与我不谋而合。她们让我做代表，当场向大队书记报告："我们三人愿意去巨丰山！"

喧闹着的知青们突然安静了，大家都用惊异的眼光看着我们。而我们呢，正为这勇敢的选择而自豪地拥抱！外校的两名初中女生和一名男生，也表示要和我们一起去。于是，我们六个人上了巨丰山生产队的马车。

赵春队长乐了，一路上催马扬鞭。

很快，由于我们的努力，我们的集体户成为县、地、省级先进知青集体户。

下乡插队三年后，招工开始了。我又一次面临选择：是去白城地区知青办，还是去镇赉县文工团创作组？虽然当时我在巨丰山组织了一个剧团，创作了一些剧本，春节期间到各村演出，很受欢迎，可我还是决定去地区知青办，为知青办刊物，因为我更喜欢写新闻报道。就这样，我在白城地区知青办工作了六年，并担任了知青办副主任。1979年6月，我正式调入了中国少年报社。

每一个曾经上山下乡的父母，谈起自己当年的选择，无论是苦是乐，脸上都会洋溢出一种自豪：因为毕竟在十几岁时自己就当了自己的家。那些苦呀、累呀都是自己选择的。这样的体验是花钱也买不来的，这也可以说是人生的一大财富。

可是如今，我们自己做了父母，却习惯把"选择权"牢牢地把握在自己手中，千方百计为孩子设计未来，逼着孩子做他们没有兴趣的事情。结果只有两个：一是让孩子变得胆小怕事，只会顺从地按照父母的意见办事，自己缺少主见；二是引起孩子的反感，总是跟父母"较劲"：你让我朝东，我偏要向西。父母对孩子的期望无法实现，还造成与孩子心理的隔阂。

如果我们能够想想当年自己的选择，对孩子的选择保持顺其自然的心态，让孩子自己选择，那结果就大不一样。

第六章
亲子双赢的诀窍——沟通九招

我的儿子从小兴趣广泛。在小学读书时，课余学过二胡、捏泥人、美术、无线电。六年级时，他组装了一个能收到五个台的收音机，在区无线电比赛中得了一等奖。当时，我和他爸爸都很高兴，一心想让他往无线电方面发展。

没想到，到中学报到的第一天，儿子便报名去军乐班学吹大号。

我知道后立刻表示反对："你干什么不好，干吗非要去吹喇叭不可！"我曾经看过军乐队演奏，觉得吹大号是最没意思的——永远坐在边上，只能给人伴奏。

"您别急着表态，先去学校看看行不行？您不是'知心姐姐'嘛！"儿子给我来了个"激将法"。我无言以对，只好点头。

我去学校那天正是暑假里最热的一天，军乐班的学生在操场上练队列。只见儿子站在烈日下，满脸是汗水，却擦也不擦——我知道，他在"表现"给我看。这让我既心疼又有些感动。

从训练场下来，儿子用期待的眼光看着我。我说："吹号是个苦差事，不容易成功，尤其是大号。你过去没有基础，要从头学，有准备吗？"

"没问题，有苦自己吃，有汗自己擦。"儿子斩钉截铁地回答。看来，他已经下定决心了。

"那好，路是你自己选的，你要坚持走到底。"我同意了，虽然有点勉强。

两个月后，乐队开始合奏了。那天，老师把家长都请到了学校。孩子们个个吹得很起劲。当雄壮、和谐的世界名曲响起时，我流泪了，许多家长也流泪了，没有想到，原本对铜管乐器一窍不通的孩子，经过两个月练习，竟然演奏得这么好！

儿子也真有志气，一直坚持了六年，成为学校军乐团首席大号。让我惊喜的是，儿子不仅学会了吹奏乐器的技巧，更看到了"合作的力量""投入的力量"，从而培养了强烈的责任意识，锻炼了与人交往的能力。我想，这些正是他能坚持下来的原因，因为他热爱乐团，所以吃苦受累都乐于承受。

学会选择的人，才能把握好自己的命运。

给孩子写信——巧妙表达
书信,自古以来就是人与人沟通的好方法

在教育孩子的过程中,家长常常遇到这样的情况:自己有一肚子话要对孩子讲,又不知道应该从哪里说起。尤其是遇到比较敏感的问题,更不知道该不该对孩子说,怎么对孩子说。

给孩子写信,通过文字来表达自己的心情,不失为一种与孩子沟通、交流的好方法。

一个15岁女孩的爸爸讲过这样一件事:一个周末的中午,他想出去买书,随手从抽屉里拿出头天刚刚领回的200元稿费。奇怪!昨天明明放进去四张50元的,怎么隔一夜就剩三张了?他仔细一想,丢钱的事好像已经发生过几次了。

钱是谁拿的呢?他想:妻子难得进书房,倒是我那宝贝女儿常来取书看,可女儿会偷偷拿钱吗?一问妻子,妻子比他还急,说女儿要这样发展下去就可能走邪路,并说:"等她回来,你要好好给她点厉害尝尝。"

这位爸爸想:如果皮肉之罚真的那么管用,倒也简单省事。问题是女儿有很强的自尊心,假如棍棒之下女儿觉得没脸见我们,或者怕张扬出去,干脆来个铤而走险,那才真正是害了她。他竭力克制住自己,想寻找一种容易被女儿接受的方式。于是,他给女儿写了一封信,放在抽屉里。

天天:

爸爸最近发现抽屉里少了几次钱,我想是你拿的吧?天天,爸爸发现之后不当面责问你,是因为你已经长大了,爸爸要保护你的自尊心。实际上,如果你需要钱,又不是乱花,完全可以向爸爸当面要,爸爸哪次没有满足你的要求?真的,发现你不声不响从抽屉里拿钱,很让我震惊和难过,你也应该意识到这是什么行为吧?我希望你从中吸取教训,知错就改。只要你改正了,你依然是我们的好女儿。祝你学习进步,做诚实的人。

爸爸

几天后,吃晚饭的时候,爸爸发现女儿一脸紧张,不敢抬头。他猜想女儿一定看到那封信了,但不动声色,好像什么事也没发生。

第二天,他发现自己的信换成了女儿写的信。

亲爱的爸爸:

我很感激您给我这次改正错误的机会!我现在自己也感到惊讶,我怎么会在不知不觉中变成这样?侥幸的心理好危险!爸爸,我错了,不应该这样拿您的钱,更辜负了您对我的殷切期望。爸爸,您写的那封信我取走了,我将永远保存它,记住这个深刻的教训!爸爸,请相信我以后再也不会做这样的事情了。我一定会认真学习,做个您所希望的诚实孩子。

您的女儿:天天

此后,这位爸爸的抽屉里再也没发生少钱的事情。女儿后来也被评为"三好学生"。我们说,是父亲的理智挽救了这个女孩。而理智的基础是对孩子高度的信任与尊重。

我儿子上高中的时候,一次我去学校开家长会,听说他对一个女同学挺有好感,但那个女同学不理他,因此他的情绪很低落。回到家后,我把这个情况跟他爸爸说了,他爸爸当时就问他:

"你跟那个女生怎么着了?"

儿子哭了,向我们大吼一声:"别逼我好不好?"一摔门走了。我们俩谁也没有说话。

一会儿，儿子回来了，说了声："对不起，我刚才太激动了！你们批评我吧！"

我被儿子的"大度"感动了，反而觉得自己太不注意方法了，于是抱歉地说："是我们太心急了，今天不说了。"

当晚，我给他写了一封信。信里写道："一个国家强大了，别的国家都来跟它建交；一个人强大了，别人就会跟他友好；一个男人强大了，好女孩也会主动跟他交友。一个男人是靠自己的力量来团结别人的。你现在还不是很强大，你去找人家，人家不理你，你心里很难受，这是弱小的表现。你要让自己强大起来，我相信你是一个真正的男子汉。"我把这封信放在他的桌子上，从此没有再谈过这件事。

书信，自古以来是人与人沟通的好方法，我们可不能把它遗忘呀！

替孩子着想——留点面子
孩子害怕的是失去尊严

有一个星期天,我应邀到河北省衡水市举办家庭教育讲座。会后召开了家长座谈会。一个年轻妈妈带来了她11岁的儿子腾腾。

"卢老师,您来晚了,要是早来几年,我的儿子也不至于挨那么多打了……"这位妈妈哽咽着开始她的发言。

我教育儿子的方法是,儿子必须按照我的要求做,只要不对就打。有一次,他偷拿了我的钱,我狠狠地打了他,把竹笤帚都打断了。我告诉他,小时偷钱不管,长大就要犯罪,到时候谁也救不了你。可是过了几个月,他又拿了我10元钱,和同学去公园玩。这件事,前不久才被我发现,我气得快哭了。这时,我让自己冷静下来,心想,孩子都这么大了,再打他也是不服,教育比打有效。于是,我对儿子说:"腾腾,这回妈妈不打你,你写个检讨吧!我要把检讨交给老师看,我要问问老师,你这样的学生怎么配当'三好学生'?"孩子一边写一边哭,大滴的泪珠掉下来,写完,他在床上躺了一天不吃也不喝。我意识到,这样做对孩子压力太大了,晚上,我答应他不把检讨交给老师,孩子哭了。以后,就是我把钱摆在桌上,他也没有再拿过。

没过几天,儿子委屈地对我说:"姥姥丢钱了,怀疑是我拿的。"

"你拿了吗?"我问,我知道他一定没有拿。

儿子坚定地说:"妈妈,真不是我拿的。"

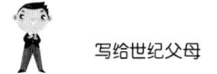

写给世纪父母

  我说:"妈妈相信你!我替你向姥姥解释。"
  过了两天,姥姥的钱找到了。

  妈妈讲时,儿子在一旁只是"呜呜"地哭。
  "腾腾,妈妈让你写检讨时,你是怎么想的?"我轻声问。
  "听我妈说,要把检讨交给老师在班上读,我心里害怕极了。我写检讨的时候,眼前老晃着老师和同学们的脸,大家都在指责我,骂我是小偷。晚上妈妈说,只要我改了,检讨就不交给老师了。我很感激妈妈,我觉得我妈妈真是好妈妈!后来,我就改了。"
  母子俩的一番话,令在场的人都流泪了。
  我意识到,一个人最宝贵的是尊严。对一个孩子来说,最害怕的不是棍棒、拳头,而是失去面子、失去尊严。当你知道孩子偷了东西,但还不能确定时,请你要保持冷静,千万不要冤枉孩子;而当你已经有证据确认孩子犯了错误时,请一定给孩子留点面子,孩子会为此感激你一辈子!
  我忘不了作家梁晓声写的一篇文章《橘皮》。梁晓声上小学时,家里十分困难,父亲又患了哮喘病咳得很厉害。他听说橘皮能治哮喘病,便偷偷拿走了教室窗台上晾的干橘皮。老师发现了这件事,一直替他保密,没有对别人说起。梁晓声说,他从内心感激这位老师,这种感激之情持续至今,鼓励着他用一生的努力来回报社会。
  对待孩子,没有比保护他的自尊更重要的事了。

第六章
亲子双赢的诀窍——沟通九招

 放孩子出去——认识社会
见识，是在实践中增长的

带孩子出去玩，出去见世面，扩大视野，是家里任何玩具、画册、游戏机都替代不了的。

不到九岁的北京男孩温勃，暑假远行，到南非看望在那里工作的爸爸。温勃第一次踏出国门，便是穿过一万多公里的空间，从北半球来到非洲大陆的最南端；从酷暑难耐的北京，走入枯黄萧索的约翰内斯堡。亲身体验，给一个男孩留下的是多么深刻的印象！

对一个初到非洲的中国孩子来说，温勃最感陌生、好奇又有些恐惧的莫过于满眼都是黑人。

爸爸带温勃去了一个极为贫穷的黑人村镇。那天，村里的黑人正蜂拥着参加庆祝集会。上千名男女老少载歌载舞，大喊大叫，逐渐把他们父子俩围在中间。这样张扬奔放的迎客方式令父亲深受感动，然而温勃却是一脸的恐惧。事后，温勃对爸爸说："我哪儿见过这种阵势呀！我真怕他们把咱们抢了。"这是九岁的中国男孩对黑人的最初认识。

减少偏见，客观地了解另一种肤色人群的最好办法，便是多同他们交流。于是，父亲把温勃带到一个民俗文化村。文化村内有几个典型的黑人部族村落，各村落中都有一群身穿本民族服装的黑人。每到一个村落，都有酋长给客人讲解各自的习俗。温勃虽然听不懂他说什么，但恐惧逐渐消失了。

文化村最后一个节目是和黑人们一起跳舞。一个脸上涂着几个白点的黑人妇女拉着温勃的手，加入了跳舞的队伍。温勃已经不再害怕，他大方地学着黑人的舞姿扭起来。

这样的接触渐渐冲淡了原有的陌生、好奇和恐惧，温勃在与黑人的交流中变得大方多了。在祖鲁族部落,上百名祖鲁族黑人以狂歌劲舞的传统方式迎接各国宾客。他们跳着、舞着、唱着,是那么尽兴、那么奔放……歌舞完毕,这些黑人又在手持权杖的酋长带领下呼啸而去。要是在以前,这个阵势准又把温勃吓坏了,会远远地躲开;而这次,他竟然毫不胆怯地迎上前去,站在那位祖鲁族酋长的身边,留下了一张难得的合影。

一个中国男孩,有幸踏上远隔万里的南非大地,有幸从亲身的体验中了解那里黑人的生活,和陌生的人群进行交流,这是他重要的一段人生经历。

人类是一个巨大的"部落",认识整个人类,需要一个博大的胸怀,尤其面对与自己民族差异很大的群体,需要以坦诚的胸怀走向对方,了解对方。

孩子认识人类,是通过一个一个具体的人来认识的。让孩子多交一个朋友,实际上是在帮助他多打开一个窗口。这样的窗口打开得越多,孩子的视野就越开阔,心胸就越宽广,胆量就越大。相反,如果把孩子封闭起来,不让他与人交往,那么孩子或者变得孤独、冷漠、不合群、不自信,或者变得夜郎自大、故步自封,与别人格格不入。慢慢地,对人越来越疏远、陌生,心灵的世界越缩越小,最后只剩下自己,其结果是相当可怕的。

请不要把孩子关在狭窄的空间里,放他们出去,到外面的世界走一走,看一看,多认识社会,多结交朋友。

第六章
亲子双赢的诀窍——沟通九招

 向孩子道歉——说声"对不起"

大人做了错事,不妨大胆地认错

大人有时会错怪孩子,这很正常,因为许多大人不知道孩子心里想的是什么。孩子犯了错,要向大人认错,向被冒犯的人道歉;可大人犯了错,错怪了孩子,却很少向孩子说声"对不起",这就不正常了。

但是,也并不是所有的大人都不向孩子承认自己的错误。在北京光明小学,就发生了一件老师向学生道歉的新鲜事。

一次,班主任梁老师走进教室,看见刘晨同学正在大声说话,就当着全班同学的面批评了他。刘晨很不服气,对老师说:"不是我先说的,为什么光说我一个人?"梁老师没想到刘晨会反驳,顿时有些生气:"我就看见你说了!"

刘晨的眼里涌出了泪水,不再吭声。晚上,刘晨想起白天的事,心里委屈极了。原来,老师不在教室的时候,有几个同学高声说话,影响别人写作业,于是他站起来说:"你们别讲话了……"正在这时,老师进来了。

怎么办?是把委屈憋在心里,还是告诉老师?刘晨决定写在日记里。

第二天,语文老师批阅日记作业时,看到了刘晨的这篇日记,便马上交给了梁老师。

梁老师了解到事情的真相,知道自己冤枉了孩子。怎么办?是找刘晨当面认错,还是公开道歉?梁老师想了一想,决定公开向刘晨道歉。

在家长会上,梁老师当着全班同学和家长的面,检讨了自己没有调查清楚就错怪了刘晨,并诚恳地向刘晨说了声:"对不起!"

刘晨做梦也没想到,梁老师会对自己说"对不起",一时不知说什么好,眼泪又一次流了下来……

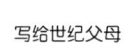

我被梁老师的真诚感动了。一个年过半百的老教师,能向一个11岁的小学生公开道歉是多么难得!这说明,学生在老师的心中是非常重要的,她把孩子看作一个有着独立人格的人而给予尊重;同时,她又对孩子这样的未成年人,用自己的真诚保护了他们的自尊心。

"人无完人",谁都免不了会有过失。我们总不能像蜗牛一样,把所有的错误都装进一个大壳子里天天背着,那有多累啊!其实,大人做了错事,也应该像孩子一样大胆承认并立刻改正。丢掉面子,丢掉错误,轻装上路,那有多轻松啊!

一次座谈会上,有位家长提出这样一个问题:"大人犯了错误,面对孩子,应该怎样解释呢?比如说,孩子做了一件错事,我知道了就责备他、骂他。以后通过找老师,我发现错怪了他,但没有勇气向孩子承认错误,这一点让我们大人很难办。"

我回答说:"大人也有犯错误的时候,大人也要实话实说。如果能对孩子说一声:'对不起,我错怪你了!'我想,孩子是会非常感动的。有时,家长老是放不下架子,觉得自己是大人,怎么可以随便向孩子说'对不起'呢?我倒是觉得,我们跟孩子可以建立一种朋友的关系,有来有往,谁做得不对谁就认错。这样,反而显得大人很光明磊落,在孩子眼中也很有分量。那些只知道掩饰自己的人肯定是很心虚的人。"

向孩子学习——能者为师

放下架子，你会发现孩子可能比你强

我过 50 岁生日那天，儿子送我一件礼物——他亲手将我家的电脑升级，装入语音录入系统软件。

在儿子的指导下，我乖乖地坐在电脑前，学习语音录入。

"专心，别走神！"

"自然点，就像平常说话一样……"

"不行，您感冒了，鼻音太重。妈妈，您需要重新录……"

面对电脑，我是一个小学生，儿子却俨然是一个严格而耐心的老师。

想起几年前，我还可以当他的老师，而今，他利用知识的优势以及所享有的信息、技能，使我不得不对他刮目相看，不得不老老实实拜他为师。

能者为师。拜孩子为师，也不是多难的事情。

今天的孩子非常幸运地成长在科学技术飞速发展的信息时代，他们身上蕴藏着巨大的发展潜能，他们获取信息的能力远远超过我们这些家长的想象力。一件新的电器买回家，我们手忙脚乱，不知所措，而孩子几分钟就能让功能多得令人眼花缭乱的电器听从他们的指挥，并教给我们如何使用；到商场买东西，你在那里不知如何是好地挑来选去时，孩子会马上告诉你，哪种式样的衣服最流行，哪种已经过时，让你不得不听他的……在有些方面，孩子确实比我们懂得多。

拜孩子为师，好处很多。

一、能使大人变得年轻

好像回到自己的年轻时代,激活自己学习新知识的兴趣。

二、能使孩子变得自信

能够做父母的老师,让父母听自己的,这是多么神气的事情!孩子自然会从心里发出"我能行"的正能量。

三、能使亲子间的感情增进

父母拜孩子为师,就自然会放下架子,与孩子平等相处;孩子受到大人的尊重,反过来会更尊重大人。这样,家庭气氛会变得更加和谐。

最有趣的是让孩子带你出去玩,了解外面的世界,这是亲子沟通最妙的办法。

有一天,报社的同事告诉我一件让她兴奋的事。

> 星期天一大早,上一年级的女儿对我说:"妈妈,每天都是您带我出去,今天我要带您出去。"
> 我问她:"带我去干吗呀?"
> 她说:"暂时保密,出去就知道了。"
> 走到路上,她给了我一个塑料袋,对我说:"今天请您跟我一起捡垃圾,这叫'手拉手捡回一个希望'。"
> 我跟着女儿捡了一上午垃圾,虽然有点累,但我心里十分高兴,女儿也显得比平时兴奋。她严肃地对我说:"老师说了,大人小孩都是地球的孩子。"

有一个父亲感受更深。由于工作所限,他从来没出过远门,儿子上了中学，跟他越来越疏远——有点瞧不起"没有见过世面"的爸爸，在家里很少和爸爸说话。有一次，这个爸爸听了我的演讲，很想改善与儿子的关系。暑假到了，他也正好休假，便决定和孩子一起去旅游。

"儿子，爸想跟你一起外出走走。我没出去过，由你带队，到哪儿去，坐什么车，住什么店，玩什么，全听你的！"

儿子惊讶得半天没说出话来："这是真的？老爸，我没听错吧？"

爸爸笑了，郑重地告诉儿子，这是真的。

儿子兴奋极了，立刻找来地图、列车时刻表，精心地做出了旅游计划。一路上，买车票，找旅店餐馆，联系旅游点，全由他张罗。爸爸不仅感觉到从来没有过的轻松，对儿子出色的社交能力也大为惊讶和赞赏。

旅游归来，爸爸对儿子赞不绝口："儿子，你真棒！你比爸爸强多了！"他还对妻子说："儿子组织能力很强，将来说不定会当上总经理！"

儿子和爸爸的关系大为改善，儿子对妈妈说："我第一次发现，我爸是天下最好的老爸，他挺听指挥！"从此，父子俩成了好朋友。

看看，就这么简单。大人们的失误常常是由于自恃高明，总不肯承认孩子有些方面比自己强，总是一厢情愿地将成人的思维模式强加给孩子，无意中扼杀了孩子身上那些极为宝贵的在童年时期萌发和需要在成长过程中强化的意志品质。

我们在教育孩子的同时，也要向孩子学习。放下架子，拜孩子为师吧！

第七章

家庭和谐呼唤什么——三个善待

快乐的家庭有快乐的生活气氛，快乐的生活气氛要靠快乐的人去营造。

在家庭成员中，如果每个人都能快乐地面对自己、面对他人，那么欢声笑语便会充满你家的小屋。

人要怎样才能获得快乐？那就是必须学会善待，而善待起源于一个良好的生活心态。

人的内心是一个广阔的世界。在心灵的世界里，每个人每一天都在编织着自己的心理网络。

有的人编织的是快乐的网络，遇到任何事情，他都能微笑着说一声："太好了！"有这种心态的人，有一种伟大的力量，能够把负能量变成正能量，把不利变为有利，把坏事变成好事。靠这种力量，他每天都生活在快乐中，这叫"善待自己"。如果他把这种快乐心情传达给孩子，传达给家人，那就叫"善待孩子""善待家人"。

可是，有的人却在编织痛苦的网络，无论遇到什么事，他都皱紧眉头："太糟了，糟透了！""烦死了，别理我！"有这种心态的人，每天和烦恼打交道，好事也会变成坏事，快乐的事也会变成痛苦的事。他每天生活在愁苦中，这叫"虐待自己"。如果他把这种"惨相"带给孩子和家人，那就叫"虐待孩子""虐待家人"。

家庭和谐呼唤什么？

善待。

要做到善待，请你常常使用这三个字——"太好了！"

家，是任何一个为事业奔波、辛劳的人最好的归宿。为了全家的幸福和安宁，当你迈进家门的时候，建议你把烦恼关在门外，一脸轻松地走进去，带给亲人一份恬静，一份欢愉。

别忘了微笑着说一声："太好了！我回来了！"

善待自己——保持好心态

人活在世上多么美好

人生中许多美好的东西,不是靠别人给予,而是靠自己去发现去创造。如果想让你的孩子拥有快乐的人生,你自己首先要拥有快乐的人生。用乐观代替悲观,善待请从自己开始。让孩子从你的感受中看到:人活在世上多么美好!

喜欢自己

一个人美不美,不在长相而在心态。

"人必其自爱,然后人爱之;人必其自敬,然后人敬之。"西汉扬雄的话,今天读起来仍很有道理。如果一个人不自爱,又怎么承受得起别人的爱呢?所以"欲信人必先自信,欲知人必先自知,欲爱子必先爱己"。

做父母的给孩子上的第一课,便应该是"喜欢自己"。

有一次,我去一所小学开展"'知心姐姐'咨询活动"。

"谁来提第一个问题?"我注视着坐在前几排的孩子。他们嘻嘻哈哈,可谁也不敢第一个说。我注意到他们大多是队干部。

"我先说!"没想到,坐在门口的一个男孩站了起来,大步走上台,拿过了话筒:"本来今天老师没选上我,我是自己挤进来的。我有个苦恼的事,想和'知心姐姐'说。"

我带头为这个勇敢的孩子鼓起掌来。

"我长得又黑又瘦,有的同学管我叫'非洲人'。可我天生就黑,怎么洗也洗不白……"

场内爆发出一阵笑声,我也笑得前仰后合。望着眼前这个黑瘦的男孩,感受着会场上热烈的气氛,我觉得他挺有人缘。

于是,我问大家:"你们看,他长得黑吗?"

"黑!"大家异口同声。

"你们觉得他美吗?"

"我觉得他挺美的,"一个女孩站起来说,"他是我们班的,他爱劳动,爱帮助人!"

另一个女孩说:"他每次做值日都抢重活干!"

"你看,"我对男孩说,"大家多喜欢你!叫你'非洲人'无非是想说明你长得比他们黑,很特殊。可是大家不仅看到你的长相,还看到了你的热情和善良的心!"

"长得黑怎么不好?"我对大家说,"世界就是由白皮肤、黑皮肤、黄皮肤等各种肤色的人组成的。不同的颜色,有不同的美。如果世界上的人只有一种颜色,反而会很单调。我们中国人是什么颜色的皮肤?"

"黄皮肤!"

"中国人好看吗?"

"好看!"

"非洲人一样好看。你们看非洲人,眼睛亮亮的,头发卷卷的,牙齿白白的,他们走在路上,总是挺胸抬头,一笑还露出白白的牙齿。他们之所以那么自信,是因为他们认为黑色很美,不想变成白色。"

我讲到这里,"非洲人"不好意思地笑了。他仰起头,在大家的掌声和笑声中走下了台。

我对孩子们说,对于长相,我们要有"太好了"的心态,向晏子学习。晏子不以自己个头矮小而自卑,而以自己是一国使节而骄傲,所以出使大国能不失国格,也不失人格,出色地完成他的使命。一个人不怕别人瞧不起你,最怕自己瞧不起自己。

我认识一名女教师,热情、开朗、富有才华,可是40多岁了还没有结婚。我问她为什么,她回答说:"我很丑。"我大吃一惊。眼前的她,五官端正,眼睛大而有神,气质高雅,只是嘴巴略大了些,但是整体看上去挺不错的,怎么会认为自己长得丑呢?

她指着窗台上的一张照片,问我:"你看这个人漂亮吗?"

照片上是一名女士,眉目清秀,脸上还带着一点腼腆。

"那是我妈。我妈年轻时是出了名的美人,可我却是'丑小鸭'。从小我就很自卑,觉得自己丑,嫁不出去。"说完,她自嘲地笑了。

长相可以给人带来自信,也可以带来自卑;可以给人带来快乐,也可以带来烦恼。作为孩子的父母,要喜欢自己的孩子,无论他的长相如何,你都要告诉他:你有你的优势,不必去羡慕别人。

处在青春期的女孩,往往对自己的长相相当在意。有个上中专的女生来信说:"打我学会照镜子的那天起,我就埋怨爸妈:为什么把我生得这么丑,黄黄的头发,大大的鼻头和厚嘴唇。从我发现自己丑以后,就不爱照镜子了。我是上中专以后才开始注意长相的,是因为受了同学的影响。她们时常在一起讨论哪个女生长得好,然后就埋怨父母为什么不把自己生得漂亮点。起初我想得挺开的:我们是来学习的,不是来比长相的。但慢慢地,我也学着她们使劲往脸上抹化妆品。连我都不知道为什么,学习成绩开始一个劲儿下滑。当我第一次捧着40多分的数学试卷时,我哭了。我痛下决心,把我的镜子给砸了,发誓要好好学习……"

我回信告诉这个姑娘,应该砸的不是那面镜子,而是自卑的"心镜"。如果你能用自信的"心镜"照自己,怎么照都会觉得自己怎么美。你看,那些很受人喜爱的歌星、演员,也不全是长着大大的眼睛,也不全是那么漂亮呀!有不少人可以说是"其貌不扬",可是他们的表演却有那么多的观众喜欢!

有一次,我到云南昆明去采访。一名年轻的女辅导员来找我。她给我的第一印象是:个子很高,瘦瘦的,大嘴巴。她给我讲了好多和学生们在一起的快乐往事:"每次过队日,同学们都要给我梳许多小辫子,头上挂许多美丽的小花。孩子们管我叫'花仙子'……我四岁的儿子很喜欢我,老是自豪地跟别人说他妈妈很漂亮。他还对他爸爸说:'妈妈每天要化妆,早晨你得多干活儿!'"说完,她爽朗地笑了,那笑声像银铃,清脆动人。当我再次打量她时,发现她的大嘴真的挺美,因为她的嘴角泛着笑容,脸上写满了自信与快乐。

我忽然领悟出这样一个道理:一个人美不美,不在于长相,而在于心态。心态好的人,自己活得潇洒,孩子也会喜欢他;而那些把所有烦恼都写在脸上的父母,哪个孩子也不愿意接近。

高兴点,别跟自己较劲。接受自己,喜欢自己,也让别人接受你,喜欢你!

珍重自己

珍重自己,就要给自己留点时间;珍重自己,就是珍惜生命。

有一次,我去浙江温岭开会,听说两名五年级的女孩在队干部改选中落选,双双跳楼自杀。我从心底里为她们感到惋惜,同时也在思考,难道在她们11年生命的历程里,就没有人告诉过她们"人最宝贵的是生命,生命对人只有一次"这个最基本的道理吗?联想近年来不断出现的学生轻生事件,我迫切地感到:"该为生命补课了!"

如果想让孩子学会珍惜生命,我们大人先要懂得生命的价值。

儿子上中学时,一天焦急万分地对我说:"出大事了!我们乐队老师把他的萨克斯(名贵乐器)丢在出租车上了!"

"你们老师一定特别着急吧?"我关切地问。

"我们大家都急得要命,可老师却平静地说:'大家别急。人的生命是个1,金钱是个0,其他东西像萨克斯什么的也是个0。丢了萨克斯,也只是丢了个0,为丢失的0而着急上火,伤了身体就会丢那个1,那就什么都没有了。'"

过了几天,儿子又喜出望外地告诉我:"真绝了!出租车司机千方百计把老师的萨克斯送回来了!"

替他们高兴之余,我也实在佩服这个老师超然物外的人生态度。想想我们自己,平时常常为职务、职称、房子、待遇等而烦恼,不是着急上火,便是气急败坏,甚至因此损害健康……这是多么不值得呀!我

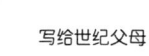
写给世纪父母

们遇事要尽量保持一种"太好了"的心态，进行积极的心理暗示。

珍重自己，还要给自己留点时间。

我们实在太忙了，忙得竟然忘记去注意周围世界是那么美好。白天，我们匆匆忙忙地在奔波；夜晚，我们忙着做这做那，仿佛有干不完的活儿，真是很累很累。不知不觉之间，我们的生活中少了欢乐，脸上少了笑容……这难道就是我们的人生？我们不该为自己留点时间吗？

留出时间做什么呢？什么也不做，只要独处就行了——这就是所谓的"休养生息"。

许多时候，我们需要的不是到处找人提供建议，而是不受干扰的地方。这里有安静的环境，供自己来理清思路，感受平时在嘈杂的环境里不曾感受到的东西，也感受别人感受不到的意念。

如果你发现自己竟然无法专心地处理一些事情，就表示你需要有一个独处的环境，需要有一份宁静的心绪——沉思和反省对人们来说，真的是很重要！

不要犹豫，马上行动吧！

超越自己

现代父母要有超越自己的紧迫感。

21世纪，有人称它是创新的时代，在这样的时代里，成功者是终身学习的人。

在过去的年代里，我们凭着热情，凭着苦干实干、流血流汗，能够干出一番成绩，创出一番辉煌，能够赢得孩子们的信任和爱戴。但是到了今天，还是像原来那样工作就远远不够了，孩子们需要的是富有创新精神、具备新知识、拥有新思维、掌握新方法、展示新技能的父母，需要这样的父母陪自己一起进入新的世纪。怎么办？我们必须学习，而学习，正是我们超越自己、跟上时代的前提。

有一件事，我一直不能忘记。

河南省濮阳市第一实验小学是一所拥有3000多名学生的名校。校长李玉熹是一名很有水平很有威信的教育工作者。我曾与李校长进行过一次长谈。

李校长说，他要在老师和家长中搞一次"再读书工程"，这主要是受儿子的启发。他的大儿子李耀军在大学读书，不久前来信向父亲进言，其中一段是这样写的：

> 要实行"校长再读书工程"。信息时代已经到来，教育形势发展这么快，作为一个名校的校长，不再读书怎么行？"一实小"如果因您的不发展而衰败下去，那不是罪过吗？说老实话，我考察了您前半生的读书生涯，您就是在结婚前读过一些书，加上您很聪明，在一般人中已经显得颇有学问了。其实，您结婚后，多为工作、家务所累，没有再认真读过什么书，也没有成套的系统知识和理论，尽管您现在的文章语言还流畅、思路也还清晰，但已经显出了"疲态"；尽管您还能替老师们修改一些论文，但总有"知"不从心的感觉……您的那些知识已经快见底了！不再读书行吗？不是您不想学习新东西，可总得有时间，对吧？关键是您管不住自己，您要像平时管我们兄妹一样管自己：每天挤出一定的时间（特别是喝酒闲聊的时间），坐下来，深入下去，系统地读一些理论书籍、专业书籍，"一实小"将会因您的"再读书工程"而再次腾飞……

李校长说："儿子说出了从未敢说的话，的确振聋发聩，撞击心灵。儿子把他心目中的好爹批得体无完肤，我也就不怕暴露在光天化日之下了。我要让大家都看看这封信，让大家知道我们还不如个孩子！但我从内心里太感激他了——我的儿子终于能替我操一份心了！"

李校长真的把这封信给校领导班子成员传阅了，他还在上面批写道："竖子来信，一针见血，颇有见地，请传阅、批评。"

濮阳市教委副主任张秋郎同志也读到了这封信。他在信上批写道："孩子的建议很有价值，很深刻，能为'一实小'的再发展产生一定的

影响，希望'一实小'班子研究一下，斟酌落实。玉熹要鼓励孩子敢想、敢闯……"

就这样，一个"再读书工程"在"一实小"展开了。

听了这个故事，我觉得浑身发热，有点坐不住了，有一种"长江后浪推前浪"的紧迫感。人们常说："逆水行舟，不进则退。"而今天，即使是"顺水行船"，只要不再读书学习，也会被甩得远远的。

今天，教育的对象不再只限于儿童和青少年了，每一个人都面临着终身接受教育的问题。这就意味着，在今后的日子里，作为孩子的父母，既要帮助孩子学习，又要跟孩子一起学习，甚至向孩子学习。

时代不等人，孩子们已经走到我们前面去了。作为父母，必须有这种超越自我的紧迫感。昨天已经成为历史，不要再回味昔日的辉煌，要马上行动，学习！学习！再学习！

第七章
家庭和谐呼唤什么——三个善待

 善待孩子——成为好朋友

善待孩子，就是要尊重孩子

善待孩子，就是要体谅孩子，给予孩子自信，帮助孩子找回失去的尊严；善待孩子，就是要尊重孩子，在尊重中长大的孩子才懂得尊重别人；善待孩子，就是要锻炼孩子，教会孩子给自己打气，把孩子培养成敢于迎接困难和挫折的挑战者。

体谅孩子

如果说母亲是大地，那么父亲便是蓝天；如果说大地能够创造生命，那么蓝天就应该包容世界。

我遇到过一个"没有家"的小女孩。

那是我在西安人民广播电台经济台开办"知心热线"时发生的事情。

热线直播间设在西安市一个大商场中央，玻璃墙外围满了人。电话一个接一个地打进来。

忽然，我从电话里听到一个甜美的声音："'知心姐姐'，我想问问你，如果一个女孩没有家该怎么办？"

"孩子怎么会没有家？没有家，哪有她？"我十分诧异。

"她原来有家，有一个幸福快乐的家。但是后来，她的爸爸妈妈离婚了。妈妈一走了之，她被判给爸爸抚养，爸爸把她放在奶奶家，自己住到别处去了。她天天盼望爸爸来看她，可爸爸没有来。"女孩用稚嫩的声音叙述着，一个严肃的话题却讲得十分平静。

"那这个女孩还爱她的爸爸妈妈吗？"我有意这样问。

"她很爱她的爸爸妈妈。她爸爸很高大,很帅,很有才华;她妈妈很漂亮,脸上长了一颗黑痣。有人说,谁跟这样的女人在一起,谁就很富有。她的爸爸就很有钱。"

"那她爸爸为什么要和她妈妈分手呢?"

"因为另一个女人看上了她的爸爸,另一个男人看上了她的妈妈……"女孩讲得很清楚。

"你怎么对那个女孩这么了解?"我问她。

"因为我就是那个女孩。"女孩的坦率、沉静,使我早就含在眼里的泪水一下子涌了出来。我被她的善良、真挚深深地感动了。

一个出租车司机在行驶途中听到广播,激动地跑到直播现场,挤进人群,递进一张巴掌大的纸片,上面写满了字。

> 这两天的节目我都听了,非常好!作为一名中年男子,我是不太动情的,但听了几个父母离异或父母不和睦的孩子的诉说,我的心灵受到很强烈的震撼!多么可怜的孩子呀!
>
> "知心姐姐"问这几个因父母离异而心灵受到伤害的女孩:"你们还爱你们的爸爸妈妈吗?"她们都发自内心地回答:"爱!"这是多么好的孩子呀!听到这里,我流泪了。
>
> 我不知道这几个孩子的父母是否在听广播,我想,他们一旦了解孩子的感受,是无颜面对孩子的。
>
> 天下的父母,好好地爱孩子吧,为了孩子那颗幼小的心灵,为了他们的幸福成长,在离婚问题上,请三思!

父母离婚有时是不可避免的,问题是孩子怎么办?孩子心里的感受,父母理解吗?怎样才能减少家庭破裂对孩子的伤害呢?离异的父母应该如何善待自己的孩子呢?

我曾经在报上看到过一篇文章,讲的是一个父母离异的女孩欣欣的故事,题目就令人心动——《等离婚的爸爸回家过年》。18岁的欣欣讲述了自己对父亲从惧怕到眷恋的心路历程。

第七章
家庭和谐呼唤什么——三个善待

和别家的独生子女不一样，我从小和爸爸不太亲热。在我童年的记忆里，他好像从来没有抱过我、亲过我。一次，我数学考试不及格，爸爸罚我跪搓板，当时膝盖疼得都站不起来了。

三年前，他和妈妈离婚了。爸妈离婚后的第一个春节我过得很不好。年三十那天我到奶奶家拜年，他和一个陌生的女的也在。他几次过来想跟我说话，我都躲开了，直到晚上准备回家，我也没和我爸讲一句话。临走前的情景是，我坐在车里，他穿着薄薄的单衣趴在车窗外望着我。车开走了，从反光镜里看见他还站在街上，我的眼泪唰地流了下来。

那天，我头一次发现，原来我还是很在乎他的。

彻底改变对我爸的感觉是在我17岁生日那天。他回家来了，把一个纸口袋放到我屋里。我打开口袋，看见里面装的全是小纸包。打开其中一个，里面包着300块钱，纸上写着：4月5日演出劳务费。再打开一个，纸里包着两个1块钱硬币，上面写着：4月12日上午，已经上了小巴，又见来了公交车，下车改乘，省2元。还有一个包了200元的纸包里写着：朋友约打牌，没去，假设输了200元。我数了数，一共有39个纸包，里面共计2637元。

在口袋的最底下有一张纸，写着：孩子，你爸不是大把挣钱的人，更不是大把花钱的人。希望你明白我的心，你爸我不容易啊！

在那之前，我从没有得到过我爸送的生日礼物。但我爸17年来的第一份礼物就让我如此刻骨铭心。我要把那些字条永远保存着。

2000年第一个春节，欣欣最大的愿望是邀请居住在同一城市的爸爸回家过年。

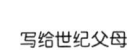

春节快到了,我特想对爸说,家里的钥匙一直都在您手里,不是吗?

这已经是您和妈妈分手后的第三个春节。难道您真想孤独地在外面过完后半生的每一个春节吗?

欣欣的故事催人泪下。她向我们展示了一个长大了的孩子的宽大胸怀。孩子是懂事的,是很会体谅大人的。

生活中,误解总是不可避免的,但是打开误解的钥匙是谅解。多站在对方的角度想一想,生锈的心锁便会打开。

有一个父亲离婚不久,就深深感到对不起五岁的女儿,他说:"没有了父爱,她的幸福也是打折扣的。我甚至怀疑,女儿不可能再拥有真正的快乐和幸福,因为父亲在她的心中是任何东西都无法替代的。而这一切,都源于我们对婚姻的不够善待和珍惜。离婚,或许使我们从苦海上岸了,但对于孩子而言,我们是输家。对此,我无法宽恕自己。"

这个父亲的"忏悔"让人感动。他表达出这样的"忏悔",原因是他很在乎自己的女儿。

父亲对于成长中的孩子来说是多么重要!父亲的作用是母亲很难替代的。如果说母亲是大地,那么父亲便是那一片蓝天;如果说大地能够创造生命,那么蓝天就应该包容世界。天地合一,万物才能和谐健康地生长、繁衍,这是自然界发展的规律。

父亲应该用博大的胸怀去接纳孩子,体谅孩子,在人生的道路上与孩子相伴。

尊重孩子

尊严是人类灵魂中不可践踏的东西。

自信的基础是自尊。

孩子是在成人的尊重中学会做人、学会自尊的。如果孩子在羞辱中生活，他将会自卑。人类最不能伤害的就是自尊。在某种情况下，教师不尊重学生会比父母不尊重孩子对孩子心灵的伤害更大，因为在孩子的心目中，老师是至高无上的。

"学者为师，身正为范。"在家里，父母是孩子的启蒙者；在学校，教师是孩子的表率，其言行举止甚至兴趣爱好，都会对孩子产生潜移默化的影响。

我认识一名年轻的画家，他才华横溢但胆小怕事。一次，我请他与几个朋友吃饭。他始终坐在桌角，不怎么跟大家交谈，更拒绝吃鸡蛋，我很纳闷。

后来，一次谈心中，他透露了其中的秘密。原来，他上幼儿园时遇到过这样一件事：邻床的小朋友从家里拿来一篮子吃的东西，挂在床头。一天，这个小朋友告诉老师说鸡蛋丢了。老师没有调查清楚，就认为是这个画家朋友偷吃了。他不承认，老师就把他关进小黑屋，说不承认就不放他出来。我这位朋友说："当时我害怕极了，就违心地承认了。于是，小朋友们总骂我是'小偷'。"那年他四岁。从此，他一见鸡蛋便有一种恐惧感。

听完他的叙述，我难过得直想哭。这名教师如果知道自己因为一个鸡蛋伤害了一个孩子的自尊并影响了孩子的一生时，应当感到内疚。

其实，每个老师都应该知道，尊重学生是教师的职业道德，尊重学生就要维护学生的人格尊严。遗憾的是，教师侮辱学生的事件仍屡屡发生，有的甚至令人发指。

有个辅导员发现一个男孩偷拿了别人的钱，盛怒之下，竟用纳鞋底的锥子在男孩脸上刺了一个大大的"贼"字，还涂上红墨水。从此，男孩脸上留下了洗不掉的"贼"字。记者去调查时，男孩一直用手捂着半边脸，喝水都不肯松开手。

这个教师为什么会失去理智做出如此伤天害理的事情来？一个重要的原因就是法律意识淡薄。他没有意识到，学生也是人，是独立的人，尤其是未成年人，必须给予应有的尊重和保护。更可悲的是，他严重违反了《中华人民共和国未成年人保护法》。"保护未成年人的人格尊严"

写给世纪父母

之所以写入法律，是因为人格尊严对一个人，尤其是对未成年人来说是极其重要的。

尊严是人类灵魂中不可践踏的东西。一个从小失去尊严的孩子，长大了很难堂堂正正地做人，很难抬起头来走路。人没有了尊严，哪里还谈得上自信、自强？

尊重学生，就要礼貌地对待他们，不能随意打骂。那些学习一时跟不上的学生，常常听到老师骂他们"笨蛋""傻瓜"这些带有侮辱、刺激性意味的字眼，这强化了孩子的弱点，使他们以否定的态度对待自己，使他们失去自信和自尊。后果多么严重呀！

教师爱的语言是学生成长的营养剂，会结出爱的果实。只有讲文明的老师，才能培养出讲文明的学生。

尊重学生，有一项重要的工作是帮助"差生"找回尊严。

一些老师眼里的所谓"差生"，实际上是一些童年或者少年时代被歧视过、被冤枉过、被误解过的孩子。让他们得到转变，根本的办法是帮助他们找回失去的尊严。

2000年初，在中央电视台《实话实说》节目中出现过一个见义勇为的小伙子。他叫李珏丰，是广州天翔职业中学高一的学生，初中时就读于广州市第三十四中学。1999年7月29日晚，他和同学何敬辉勇擒劫匪，并将歹徒从广州市工商银行某员工手中抢去的公款悉数追回，受到广州市荔湾区人民检察院的嘉奖。

但是，谁也想不到，这名见义勇为的少年英雄，原来是"问题生"，而改变他命运的正是他的班主任老师。

李珏丰回忆了他的变化过程：

> 我的堕落是从逃学开始的。我上初一时，发疯般地迷上了游戏机。我认识了一帮哥们儿，他们大多是问题生，或者干脆就是一些辍学后在社会上游荡的"烂仔"。认识他们后我开始逃学，我自己都很惊讶，整个初中三年，我会有出走37次的"光荣史"。

真正使我醒悟并决定离开他们的，也是这帮朋友。一次，我在路上碰到几个"对头"，我知道要出事了。果然，他们拦住我威胁说："你今天要是不告诉我们你那帮哥们儿在哪儿，就把你放倒在这里。"为了哥们儿义气，我没有说话。他们就对我拳打脚踢，我满脸是血。我感到自己好像就要死了。后来，不知是谁朝我肚子狠踹几脚，我眼前一黑，就什么也不知道了。不知过了多久，我醒了过来，第一个念头就是给班主任卢老师打电话。我爬到一家公用电话前，强忍着全身的剧痛告诉卢老师，我在什么地方被人打伤了，她说了句"我马上就到"便把电话挂了。当时，我很感动，想哭。尤其是卢老师一瘸一拐地出现在我面前，告诉我她太着急，一出门就把脚扭伤了，我的眼圈红了。老师以为我是太疼了，直说："你忍一忍，我马上送你去医院！"其实，她不知道我当时的心情多么复杂。

卢老师把我送到医院。办好住院手续后，又给我买了水果。我哽咽着说："我这样一个差生，您为什么还要管我？"

"差生也是人，起码你自己得把自己当人看。"她说，"你再这样混下去，总有一天会把命丢掉的！"

出院后，朋友们找地方为我压惊。途中突然出现一阵骚乱，我还没看清是怎么回事，朋友们就纷纷逃走了。我刚受过伤跑不动，便拉住一个哥们儿说："等等我！"谁知他一把甩开我，没命地跑了。我想：恐怕这次真要把命搭上了。对方也许是不认识我，他们看了半天，以为我不是一伙的，悻悻地走了。好险啊！这时我才发觉后背凉飕飕的，全身都是冷汗！

那天，我开始醒悟了。我干吗要为这些危难关头丢下我不管的人两肋插刀？这么下去，也许真有一天，我会像卢老师说的那样把命丢掉。何况，我这么一个屡教不改的问题生，卢老师都没有抛弃我，我有什么理由自己抛弃自己呢？

从那以后，我彻底断了与这帮家伙的关系，开始拼命地

写给世纪父母

读书。家人都奇怪我的转变，不知道我是从血的教训中幡然悔悟的。

是啊，差生也是人，起码我自己得把自己当人看！

一定得好好学习。我跟自己较上了劲，考上了职高。和别的同学比，这也许根本算不了什么，但对我来说，是尽了最大的努力。

至于成为社会关注的英雄人物，只是一件意外的事。我不过是出于一个热血少年的良知与本分，和几名歹徒来了一番体能的较量。所庆幸的是，作为一个曾经无可救药的差生，我找回了自己做人的尊严与价值，这要感谢我的卢老师。

李珏丰同学的转变，让我们看到了教师的伟大。塑造学生的健康人格是奠定一个人充分发展的基础，也是建立和谐家庭的基础，更是奠定社会稳定的基础。

卢老师之所以能把一个"问题少年"改变成为"英雄少年"，正是因为她相信自己的学生本质是好的。她从人的本性出发，以人的良知为起点来教导学生。她坚信，每个人都有向善的心。人的心里充满了爱，就乐意为他人做好事。尊重每一个学生是培养他们健全人格的前提，爱心只有来源于对人的尊重，才能成为完善美好人格的真正力量。

尊重学生，就是尊重自己。亲爱的老师，你的学生终归要长大，终归要离开你的身边。当他们像山一样充满自信地站在你的面前，俯下身来抚摸你的满头银发时，你的心灵一定会感受到从未有过的自豪和愉悦，你的脸上一定会露出幸福的微笑。

为什么不试一试呢，老师？

锻炼孩子

孩子们说，父母下岗，我们自强，昂起头做生活的强者。

父母下岗，究竟给孩子带来什么影响呢？一次，我去沈阳采访，大受启发。

沈阳当时下岗待业职工有 40 万人。大东区大东三校有 1890 名小学生，下岗职工子女有 300 多人。我走进一个高年级班，只见孩子们个个精神抖擞。孩子们都知道自己父母的职业和特长，不少孩子在考虑："假如我的父母下岗了，还能干什么？"多数孩子对父母下岗表示理解。一名妈妈已下岗的女孩说："本来五个人能干的活，要十个人干，这是浪费。我妈下岗了，可以去干别的。家里的钱少了，我更要节约，不该花的钱一分也不花。"

面对这些孩子，我非常感动。我发现下岗职工的孩子，好像比家庭富裕的孩子更懂事，更能理解父母和关心父母。

沈阳市团队组织开展了"手拉手"解困救助活动。动员大会上，孩子们发出誓言："不比穿戴比学习，不比文具比志气，不比吃喝比成绩，不比家庭比能力。"誓言铮铮，令在场的家长、老师热泪盈眶。

我想起南京市第十八中学开展的大讨论：父母下岗了，我们怎么办？讨论中，孩子们总结出"五心诀"："努力学习，不断提高成绩，不让家长担心；生活上不攀比，不乱花钱，不让家长烦心；父母心情不好爱唠叨，不顶嘴，不让家长伤心；经常和父母交谈，汇报自己的进步，让父母开心；帮父母做力所能及的事，让父母省心。"后来，"五心诀"成为孩子们让父母欣慰的具体行动。学生每天穿校服上学，衣着上不攀比；春游时每人只带两个面包，一瓶白开水；每学期初，老师带着同学们将旧本上的空白页撕下来重新订上，作为笔记本。

石家庄市跃进路小学的孩子提出的口号是："用一颗善解人意的心，体谅父母的苦衷；用自强自立的精神，给父母一些安慰；用优异的学习成绩，给父母一份快乐。"他们还致信给父母下岗的伙伴说："父母下岗，我们自强，昂起头做生活的强者。"

下岗职工子女的感人言行，给人以很大的启示。许多家长说："在困境中，孩子是我们的精神支柱，也是我们奋斗的希望。"

事实告诉我们：孩子不仅需要父母的爱，更需要有爱父母的机会。过去，我们只想着把温暖和快乐送给孩子，把困难和忧愁留给自己，孩子在无忧无虑中长大，却失去了爱的能力。今天，父母下岗了，面对着变革，面对着困难，面对着长远利益和眼前利益、全局利益和家庭利益的矛盾，孩子突然长大了，懂事了，变得善解人意，变得勤俭节约，变得自强自立。这当然也需要家长的教育和支持，需要家长正确地面对现实，面对孩子。

　　困难是人生的大学。如果下岗职工的孩子能以正确、积极的态度对待父母下岗的现实，自立、自强，那么，他们将来可能会比某些家庭富裕的孩子更有本事。

善待家人——扮演好角色

人不管有多大本事，也不能没有家

世界那么大，国家那么多，但对于你来说，家庭只有一个。世界上的孩子千千万，对于你来说，亲生骨肉只有一个（也许是两个）；世界上的男女千千万，对于你来说，丈夫（妻子）只有一个。你成为你父母的儿女，是缘分；你跟你爱人结婚，是缘分；你成为自己孩子的父母，更是缘分。

善待丈夫

善待丈夫请从赏识和温柔开始。

我是女性，因此要先谈谈善待丈夫。

女人要善待男人，首先要了解男人关注的是什么。

男人真正关注的是事业，事业是他们价值的体现。事业成功的男人，希望从妻子那里得到喝彩；事业不顺心的男人，希望从妻子那里得到鼓励。一个明白的妻子，要关心丈夫的事业。当丈夫眉飞色舞地向你"炫耀"成功时，你要表现出惊喜说："太好了！你真棒！祝贺你！"当丈夫垂头丧气向你倾诉失败时，你要关切而坚定地说："这点失败算什么？我始终相信，你能行！"

一个吸毒者在妻子和母亲的鼓励下戒了毒，写了一本《戒毒者的自白》。电视台记者采访他的妻子。妻子平和地说了一句话，让我激动得直落泪："我始终相信他能戒毒！"

男人最怕别人说他不行，最烦的是妻子说他不行。妻子瞧不起丈夫，这是对男人最大的伤害。事业不成功的男人，本来在外面就没有辉煌,回到家还是那么窝囊,就丧失了男人的豪气。

挑剔,是女人常犯的毛病。有些女人爱用欣赏的眼光看别的男人,用挑剔的眼光看自己的丈夫。因此,常对别的男人说"你真行",对自己的丈夫说"你真笨",这有点像家长对待孩子。但爱挑剔的人,总是得不到满足,永远也不会幸福。

人最大的幸福是得到赏识。女人最初对男人的爱正是建立在赏识和崇拜的基础上的,可是成家之后,女人的眼睛往往容易盯在丈夫的缺点上,赏识变为挑剔,崇拜化为鄙视。女人要善待男人,首先要改变自己的心态,相信:"我的丈夫很棒,是个出色的男人!"然后,随时向他发出"你能行"的正能量,于是,一个"出色的男人"便逐渐被你"塑造"出来了。在这方面,女人不妨表现得大度一些,不要吝啬自己赞美的语言,要把男人的每一个成功看在眼里,给予发自内心的称赞。

女人要学会"温和地说话"。一个女人,假如你握紧双拳面对丈夫,他会把拳头攥得更紧。假如你温和地对他说:"坐下来商量一下,看看我们有什么不同意见,也许会发现还有许多共同点呢。"这样,丈夫也会变得温和起来。

"全国三八红旗手"、优秀女刑警玉荣,性格豪爽,说话办事都充满阳刚之气,很少有女人应该有的温和。好在她的丈夫对此十分理解。一次,玉荣来北京开会,见到全国妇联的几位书记,她们个个温文尔雅、穿着得体、说话温和,玉荣大受感动,觉得自己也是女人,但太缺少女人味儿了。当天晚上,她按捺不住对丈夫的愧疚,给他打去电话。

"亲爱的——"玉荣温柔地叫了一声。

"你是谁呀?"丈夫吓了一跳。

"我是你的玉荣呀!"玉荣的语气更加温柔。

她从来不这么对我说话,今天是怎么了?丈夫还是惊讶。

"我过去对你的态度太生硬,现在我要改变自己……"

受宠若惊的丈夫激动了,第二天乘火车来到北京。刚走进宾馆的房间,玉荣马上迎上前:"你洗洗脸,快坐下……"

后来,她的丈夫见到全国妇联的领导,说:"昨天接到电话,我总的感受是'从士兵到将军'啦!"

你看,这位玉荣女士多么可爱!

你想知道如何使丈夫更爱你吗?好的,下面就是几个秘诀:

秘诀之一:在你心中,丈夫永远是个重要人物。要让他知道,他对于这个家是多么重要,"我们不能没有你"。

秘诀之二:不要总是埋怨、指责丈夫,要善于发现他的长处,称赞他说:"你真棒!"

秘诀之三:你只要对丈夫谈论他自己,他就会兴致勃勃地听下去,尽管他说他很忙。

善待妻子

善待妻子请从微笑和赞美开始。

作为女性,现在我要为姐妹们说几句。

苏霍姆林斯基曾对父亲们说:"你想教育好孩子,首先要真心喜爱自己的妻子。"

女人热爱生活,热爱工作,热爱家庭,更关注丈夫是否持久地爱自己。

拥有爱的女人,眼睛里总是充满了激情,对待工作和生活像火一样热情;而缺乏爱的女人,尽管工作也许很出色,眼睛里还是会带着隐隐的忧愁。

妻子渴望得到的是丈夫的微笑和赞美。但是现在,很多丈夫每天忙于工作,往往忽视了妻子,不能像初婚时那样在乎她:或者微笑,或者拥抱,或者亲吻。

有个朋友对我说:"如果丈夫能对我说几句好听的话,我会特别卖力地干一个礼拜的活,可惜,好听的话一句都听不到。"有的女人说,自己的丈夫对别的女人可以眉开眼笑,可是对自己却常常毫无表情。

丈夫的微笑和赞美,对妻子来说极为重要。女人有孩子般纯洁可爱的心灵,很希望被人爱,被人包容,被人保护。有的丈夫不能包容妻子，妻子自然痛苦。

有个比喻，在两性生活的世界中，男人是大树，女人是大树上的鸟巢；男人是天空，女人是自由飞翔的小鸟。著名主持人吴小莉择偶的标准是，自己"在他身边永远是一只快乐的小鸟，自由自在"。著名影星沈丹萍曾经告诉我，她之所以嫁给一个德国男人，是因为从他那里得到了真诚的微笑和赞美，使她抛却了童年时父亲的严厉管教带来的自卑。女性拥有了甜蜜的爱情，她就会更加奋力地追求事业的成功。

有些妻子爱给丈夫买衣服，而丈夫总爱挑剔，说这不好、那不好，妻子就不再有给丈夫买衣服的想法了。一是对自己的"审美眼光"不自信，二是担心"费力不讨好"。妻子爱跟丈夫倾诉心声，但丈夫总没有耐心，不是随便打断，就是妄加评论，慢慢地，妻子关闭了心灵的大门，不再说什么也不再想什么了。妻子爱让丈夫陪着逛商店，而丈夫总不耐烦，时不时说一声："你到底买不买？不买我走了。"于是妻子大为扫兴，连与丈夫一起出去的兴趣也没有了。

男人的微笑和赞美与其心态有关。

自信的男人喜欢用微笑和赞美对待妻子。他相信自己在妻子心目中的地位，相信自己的人格魅力，他觉得，赞美妻子显示出自己更有力量。优秀售票员李素丽有一个好丈夫，她上早班，丈夫就凌晨起床送她，上晚班就在半夜接她。有人问："每天接接送送早出晚归的，你烦不烦呀？"他回答得好："自己的媳妇，我不心疼谁心疼？"

自卑的男人喜欢用粗鲁的责骂对待妻子。这种人常常是在外面受了气，回家来拿妻子撒气。他们在妻子面前摆出说一不二的架势，或者随意贬低妻子，以显示自己的"地位"。其实，女人最看不起这样的丈夫，有修养的女人对你敬而远之，没有修养的会以恶对恶，让你不得安宁。

你想知道如何使妻子更爱你吗？告诉你几个秘诀：

秘诀之一：在你学会尊重女性之前不要结婚。婚前的尊重是必然，而婚后的尊重是必要。

秘诀之二：如果你想每天都快乐，就不要责怪你妻子的治家本领，也不要拿她的不足跟你的母亲做比较。

秘诀之三：要赢得妻子的青睐，只要跟她谈她自己就可以了！

善待老人

善待老人请从顺从和关怀开始。

老人年轻的时候，把自己的青春年华奉献给了社会和家庭，如今，他们年老体弱，应当受到社会的尊敬和家人的照顾。

作为儿女，我们要善待老人，尊重他们的意见，不要与他们争论。他们走过了半个多世纪的人生道路，已经形成了对世间各种事物的看法，又由于离退休在家，缺少新的外界信息的刺激，改变起来很难。我们不必试图改变他们，从某种意义上讲，顺从就是善待。

老人最怕让人觉得自己"没用了"。其实，老人是一部书，一部记录国史、地方史和家史的书。认真地读这部书，可以使我们明智，可以帮助我们预测明天。

我们善待老人，就要学会洗耳恭听他们的教诲——少说"不"，多说"是"。

人是时代的产物。老人多年积累的人生经验和感悟是十分难得的，用金钱也买不来。多听一听老年人的话，只有益处没有害处。如果说，老年人思想有些跟不上时代，也是正常的，儿女应该给予充分理解。毕竟，多数老人已经没有精力大量接触并筛选新的信息，更新观念不那么容易。

但是在老人面前，我们要学会善待——你善待了老人，将来你的孩子也会善待你。

老人们也喜欢说"我能行"。从许多老人身上，我们时时可以感受到勃勃的生机。

我有许多老年朋友，中国儿童艺术剧院表演艺术家杜声显就是其中一位。他是一个快乐的人，自1987年以来，用满腔热情为全国各地的孩子们演唱了680多场。在他刚刚开始为孩子们演唱时，我就采访了他，并写了一篇报道《用歌声讲故事的伯伯》。冰心老人曾为他题词"给孩子唱歌是最大的快乐"；著名作家柯岩为他写了长篇报告文学《快活神仙》。每次我给他打电话,都能听到他爽朗的笑声和充满激情的话语。他说,他最喜欢我的"快乐人生三句话",尤其是"我能行"三个字。他说,"夕阳里的人"也很需要"我能行"的精神。

有一天,他在电话里朗诵了他的新作《绿叶》,从中我听到了一颗跳动着的年轻的心。

> 我是一片绿叶,
> 虽头顶霜雪,
> 心中充满阳光。
> 我是一片绿叶,
> 从不嫉妒红花的娇艳,
> 衷心祝愿她甜美芳香。
> 我是一片绿叶,
> 曾陪衬一代又一代的红花,
> 红花有的已经凋零,
> 绿叶仍闪着光华。
> 人的一生无须光芒万丈,
> 只要将自己尽量地燃烧,
> 当他回首往事时,
> 可以坦然地说,
> 我曾有过绿的辉煌!

这首小诗令人心动。老人选择了永恒的颜色——绿色,选择了平凡而又伟大的"角色"——绿叶。绿叶甘为红花的陪衬,红花更应善待绿叶。没有绿叶,哪有红花?

第八章

打开"我能行"大门靠什么——六种力量

所有的孩子心中都有两扇大门,一扇门叫"我能行",另一扇门叫"我不行"。打开"我能行"的大门,你可能看到的是智慧、潜能、创造、自信;打开"我不行"的大门,你可能看到的是愚昧、胆怯、保守、自卑。

如果你能帮助孩子打开"我能行"的大门,那你便会给孩子比金山、银山更为宝贵的财富。从"我能行"大门走出来的孩子,他们懂得抬起头来走路,遇到风风雨雨、艰难险阻,会勇敢地说"我能行",从而克服困难,成为生活的强者。面对挫折和不幸,面对成功和失败,他都能够自信地说"我能行",而不会错过任何机会。

相反,从"我不行"大门走出来的孩子会垂头丧气,无精打采,遇到一点点困难,他会立刻缩回头去说:"我不行,我不行!"于是,他成了生活的懦夫,好机会也会擦肩而过。

"我能行"是一种勇气。有勇气的人,能够抓住机会获得成功;没有勇气的人,常常会让机会溜走,被生活淘汰出局。

"我能行"是一种人生的态度。拥有积极的人生态度,才可能品味到人生的快乐;而抱着消极的人生态度,多好的事情也快乐不起来。

那么,如何打开"我能行"的大门呢?

印度作家泰戈尔曾写过:"用铁锤无法开启锁,唯有吻合那把锁的钥匙才能开启。"

开启"我能行"大门需要六把金钥匙——也就是六种力量:赏识的力量、信任的力量、发现的力量、评价的力量、合作的力量、创新的力量。

六种力量——六把金钥匙,让我们来开启"我能行"的大门吧。

赏识的力量——相信你能行
成人赏识的眼光,能使孩子创造奇迹

在我生命的锦囊里,有一份妈妈赠予我的礼物——勇气。这种敢于自己说"我能行"的勇气,正是小时候在妈妈赏识的力量的鼓舞下形成的。

我出生不久,刚刚一岁半的二哥得了严重的脑膜炎,生命受到死亡的威胁,全家人都在忙着给他治病,根本顾不上我,我就是哭也很少有人来抱抱我,所以,从小我就不那么爱哭。当时为了抢救二哥的生命,父母真是操碎了心,我不哭不闹又很勇敢,辛苦的妈妈感到很欣慰。在我会说话会走路以后,我什么事情都爱自己想办法处理,什么事情都想做着试一试。妈妈总说我是个省心的孩子、勇敢的孩子。在妈妈的鼓励下,我的胆子也就越来越大。因为,每一次勇敢的行为都能得到妈妈赏识的目光。

小时候,最令我得意的一件事是为自己改名字。我家男孩的名字排"亮"字,女孩则排"华"字,我出生在阴历八月桂花盛开的时候,父母给我起名叫卢桂华。五岁时上幼儿园,我觉得自己的名字不好听,提出要改成当时开始时兴的两个字的名字。全家人还开了"家庭会议",七嘴八舌地起了一大串:卢迪、卢芳、卢苇、卢琴……最后,我选了"琴"音,但改成了"勤劳"的"勤"字。家里人都说"卢勤"这个名字适合我,因为我从小就勤快。

几天后,幼儿园门口贴出了大红榜。我一眼就看到"卢勤"两个字,高兴得又蹦又跳,马上跑回家报告:"妈!我起的名字贴出来啦!"妈妈放下手里的活儿跑去看,连连说:"这名字好,简单,好记。"

改名字是"我能行"的第一次体验。对一个五岁的孩子来说,自己的主见被大人采纳，真是了不起的事情。

真正体验"我能行"，是从体育活动中获得的。从小，家里人都说我勇敢，我也就自觉不自觉地把自己当成勇敢的人。星期天，妈妈带我和二哥去公园玩。公园里有一座天桥很高很高，桥板又窄又长，两边围着护网。虽然如此，走上去还像走钢丝一样，令人心惊胆战。开始走天桥，我也很害怕。妈妈鼓励我说："你能行，想上去就上去吧！"走上桥，我心里想着"我不怕，一定能行"，一步一步地试，勇敢地走了过去！那种惊险的感觉真是好极了！

现在想一想，父母认为孩子"行"还是"不行"，对孩子一生的影响的确很大。父母的赏识与放手，对孩子发出的是"我能行"的正能量，使孩子慢慢建立起"行"的意识；父母过度的担心和保护，对孩子发出的是"我不行"的负能量，使孩子真的认为自己"不行"。

在"行"与"不行"的较量中，我也有过切身体验。从小我就什么都爱学，跳舞、唱歌、练字、画画、跑步、划船等我都学过。其中有两项我最喜欢，也最擅长。可是长大以后，一个变成了"特长"，另一个却变成了"特短"。为什么呢？

画画给我带来的快乐最多。六岁时，我照着妈妈养的大公鸡画了一幅画，没想到在北京市幼儿园绘画评比中得了奖，奖品是五张彩纸。于是，我画画的兴趣更高了。画画时，家里人围着欣赏，夸我有天分。

小学二年级的时候，老师问同学们："谁会画黑板报？"我马上说："我会！"就这样，我当上了板报员，还从班里画到了学校。四年级时，我参加了北京市少年儿童赛画大会，当场画了一张"白菜大丰收"，没承想得了一等奖。奖励是免试参加少年宫的绘画组。妈妈听了很高兴："太好了！我早就说过你能行！"

上中学时，我当上了校团委的宣传委员，出壁报，刻印小报，一干就是六年，直到高中毕业。当年少年宫绘画组的同学，如今大部分成了画家，有的还是著名画家。而我呢，因为兴趣过多，不能专心作画，未能成"家"，但我从画画中体验到了"我能行"的喜悦。

在学习画画的过程中，我从未参加过考级，学画画时妈妈也从来没有陪过一次。每到周日，我都是自己高高兴兴地去少年宫，风雨无阻，从来没有间断过，凭的完全是兴趣。可是，现在学画、学琴的孩子却苦不堪言，画板呀、琴呀，尽管都是由爸爸妈妈背着，可自己还是不愿意去。问题在哪里呢？现在的孩子们有充足的物质条件，可缺少赏识和鼓励这样的精神"刺激"；他们所获得的更多的是压力，缺乏的是内在的动力。这样的结果，孩子们的兴趣很难坚持下去了。

我小时候还有一个兴趣——跳舞。可是这个"特长"变成了"特短"。这是怎么回事呢？

上小学的时候，我长得又高又瘦，很爱跳舞。我们的舞蹈队经常在校内外演出，表演的"孔雀舞"还得过奖呢！但小学毕业前发生的一件事，让我一下子失去了自信。

那一天，北京舞蹈学校来我们学校挑选小学员，选出四个小孩，其中有我。面试那天，老师让我们把外衣脱掉，只剩裤衩和背心。然后，叫我们双腿并拢，脚尖分开站直。我刚站好，一位女老师走过来，瞟了我一眼，嘟囔着："哼，腿都不直，还跳舞呢！瞧瞧人家！"我扭头看看别人，又低头看看自己——我第一次发现，我的腿确实不直！别人的腿能并成一条直线，中间没有空隙，而我不是。

回到家，我独自在镜子前端详了许久，越看越觉得自己的腿不直。以后再跳舞，我耳边总响起那个女老师的话："腿都不直，还跳舞呢！"渐渐地，我觉得两条腿越来越笨，上了中学干脆就不跳了。现在，我一进舞场就紧张。有人请我跳舞，我就会不由自主地说："对不起，我不会。"其实，仔细看看舞池中的男男女女，腿长得什么样的都有，可他们却跳得十分自信。我想，那是他们从来没有跟别人比过腿的缘故吧。

一次座谈会上，有名退休舞蹈教师说："现在兴趣班变了味道，成了专业班，把一些爱跳舞但是有点胖的孩子拒之门外。这对孩子简直是一种伤害。"

我恍然大悟，我从爱跳舞到怕跳舞的原因终于找到了！原来，自己是不自觉地将"你不行"的外来信息，内化成为"我不行"的自我意识，因而失去了勇气。老师说我不行，我就认为自己确实不行。这样,"我不行"的形象就被自己塑造出来了。

这时我才更加深刻地意识到,孩子"行"与"不行",很大程度上取决于小时候父母和老师如何看待他们——是为他们鼓气,还是让他们泄气。每个孩子都有很多潜能,潜能的发挥与成人对他们的赏识分不开,投以欣赏的眼光,兴趣才有可能转化为特长,孩子就会创造出奇迹。当然,孩子的自我意识也很重要,让孩子从小学会正确认识自己,相信自己,不要太在意别人的看法,才能顺其自然地发挥自己的能力。

在我所接触的学钢琴的孩子中,大多数孩子讨厌弹琴,只有极少数孩子喜欢,其中有一个云南的女孩对我说:"我一天最快乐的时光就是弹钢琴,因为爸爸妈妈爱听我弹。"

女孩告诉我:"一天晚上,我正在家练琴,屋里静悄悄的。忽然,我一回头,发现爸爸妈妈都坐在床边静静地听我弹琴,爸爸的眼里含着泪水。我害怕了,忙问:'爸,您怎么啦?我哪儿做错了?'爸爸笑了:'不,你弹得太好了!爸爸和妈妈一天中最高兴的时刻是听女儿弹琴,你的琴声把我们一天的疲劳都赶跑了。'真没想到,我的琴声有这么大的力量!有一次,我家来了客人,爸爸叫客人坐下来听我弹琴,还轻声说:'瞧,我女儿弹得多好!听她弹琴是一种享受!'客人听了一会儿,称赞道:'真没有想到,中国21世纪的音乐家就出在你们家!'我听了,就觉得自己真成了21世纪伟大的音乐家,更陶醉在音乐的世界里,感觉真是好极了!"

女孩的话给我很大启发。在孩子对某件事萌发兴趣时,父母和老师不应是挑剔者,而应该是会喝彩的观众。对大多数孩子来说,发展特长并不是为了搞专业,而是为了培养兴趣,提高素质。如果整天挥舞着"大棒"跟孩子较劲,还不如不让孩子学。

赏识,是激发孩子兴趣最好的营养剂,挑剔、训斥、打骂也许能培养出画匠或琴师,但绝不会培养出艺术家!因为天才是强烈的兴趣和顽强的入迷创造出来的,只有浓厚的兴趣才能使人成为这个领域的拔尖人物。

赏识从哪里来?来自科学的思维方式:永远为孩子的长处而骄傲,

不为孩子的短处而遗憾，不盲目地拿自己的孩子同别人孩子比较。如果总用自己孩子的短处同别人孩子的长处比，你就永远没有成就感、自豪感，永远对孩子赏识不起来。

当然，赏识是发自内心的，而不是故意装出来的。有个年轻妈妈听了我的课，决定改变自己的生硬态度，回家就笑着对孩子说："太好了！儿子你真棒！"孩子莫名其妙，马上过去摸摸妈妈的额头："妈，您是不是烧糊涂啦？"

第二天，这个年轻妈妈跟我讲起，我俩笑得前仰后合。孩子已经习惯于父母的指责、打骂，难怪对这种正面的激励觉得那么陌生。

每个人在情感上都是需要表扬和激励的，特别是孩子们受到父母和老师的表扬和激励时，勇气就会大增，创造力也会大大提高。有的父母认为严厉督促是好办法，其实大错特错，因为人不愿意总是被动地做事情。

激励不仅对孩子有效，对任何年龄段的人都有效。

我母亲就很善于赏识人、激励人。每次我父母过生日，姑爷们都主动带些好东西看望他们。妈妈的生日在桃子上市的季节，我二姐夫最会买桃子，我妈逢人就讲："我最爱吃二姑爷买的桃子，又大又甜又软，特别好吃。"我的先生最会买鸡，我妈也总说："他可真会买，又嫩又好吃。"我妹夫特别会炒菜，每次全家聚会，我妈妈一遍遍地夸他："看人家做的菜，比饭馆里的还好吃呢！"就这样，在欢声笑语中，老人享受到天伦之乐，大家也心情愉快地为老人做这做那。

在生活中，我们也要用赏识的眼光去看待周围的人和事。

比如我们乘出租车，认为跟司机的关系就是"我给你钱，你给我开车，没什么好说的"，这就不对了。拿我来说，我有时夜晚打车犯困，为了精神一点，就主动跟司机聊天。一天晚上，我在医院陪伴住院的妈妈，出来已经快到午夜12点了。我打了辆车，希望早点到家，赶上电梯，不然的话，我就要自己爬上13层楼了。

上了车，第一个感觉是干净。我不禁赞叹道："呀，这车可真干净！坐这样的车真舒服！"

"那当然，咱就是干这个的嘛！"司机一边开车，一边回答。知道我赶着回家，他走了条近路。

"您对北京的道路真熟悉，这样我能赶上电梯了。"

"那当然，咱就是干这个的嘛！"

"您的服务态度真好，坐您的车可真有福气！"我发自内心地感谢他。

"那当然，咱就是干这个的嘛！"

下车的时候，应该付 11 元钱，可实在找不出零钱，司机只收了 10 元。我忙不迭地说："真抱歉，本来晚上就挺辛苦的，您还少收了钱，这可怎么好……"

"不要紧，欢迎您再坐我的车。"司机说完哼着小调开走了。

你看，他得到了别人的赏识和夸赞，证明他的服务让人满意，怎么不感到高兴呢？

生活中，学会赏识别人，你也会得到很多意外的喜悦，你会觉得世界是多么美好。

信任的力量——你很重要
在信任中长大的孩子充满自信

作为《中国少年报》的"知心姐姐",每当我走近孩子,听到他们议论各自的父母,总感到妈妈、爸爸对孩子是多么重要,他们多么期望父母能了解自己,成为自己的朋友啊!父母的教诲,将影响他们的一生;父母的失误,很可能会贻误孩子的前程!

于是,我一次次走上"家长学校"的讲台,把孩子的心声告诉天下的父母,但这毕竟有限。我也曾想拿起笔,写一本书,让"知心姐姐"走进千家万户。但实在没有时间,每天要干的事情太多,写书的事只好排在"明天",而"明天"到来时,又和今天一样忙……

一个偶然的机会,终于"逼"着我拿起了笔。

1996年3月,在"冬妮童话丛书"出版座谈会上,我做了10分钟发言。我以"小孩子不爱逛商店"为例,讲到成年人只有蹲下来,跟孩子站在一条视平线上,用孩子的眼睛看世界,你讲的话孩子才爱听。会议小结时,当时的全国妇联副主席、书记处第一书记黄启璪充分肯定了我的观点,我感觉受到鼓励和认可,心里真高兴。

过了十几天,中国妇女出版社当时的副社长薛宝根来找我,她说:"全国妇联为了推动家庭精神文明建设,准备在全国开展年轻妈妈读书活动,要为年轻妈妈写一本书。启璪书记说:'就请卢勤来写吧,我看她的儿童观很好,事例生动,语言也不错,一定能写好!'"

我当时真是"受宠若惊"。因为我不是作家,只是一个记者、一个编辑。我被这种信任深深感动了。我想,既然社会需要,家长需要,孩子需要,领导又这么看重我,我一定要写好。于是,我痛痛快快地答应两个月内交稿。

可我实在忙，只有挤休息时间了。从4月初开始，每天晚上，我从9点写到12点半，清早4点起床，写到7点半，8点准时上班。每天大约写3000字，苦战两个月，16万字的书稿终于完成了。

7月，当责任编辑把精美的样书送来时，我简直不敢相信这本书是我写的。同事们也奇怪，问："这么忙，你什么时候写的？"

静下心来仔细一想，究竟是什么力量促使我赶出这本书呢？我领悟到：是信任的魅力！

信任，能使人产生强烈的责任感，充分挖掘潜力，释放能量。当受到信任时，他会觉得他的身后有许多人支撑着，他有不负众望之心，就不会被任何重负压倒。

一个人发现自身的价值，往往是通过别人的信任。尤其是未成年的孩子，他们渴望得到大人的信任，希望大人"委以重任"。为人父母者，最大的责任是重视孩子，满足他们的成就感。

如果你不重视他们，孩子还是会用种种方式去"谋求"别人的注意。有的方式是正当的，例如认真读书，为集体做好事；有的方式是不太正当的，例如扰乱课堂秩序，打架闹事，搞恶作剧，等等。父母为什么不能够满足他们呢？

信任不仅能激励人，更能教育人。

有个女孩丢了50元钱，她知道是班上一个同学拿的，回家问爸爸怎么办，要不要告诉老师是谁。爸爸说，这样不好，拿钱的女孩以后会抬不起头来。你要信任她，她会把钱还给你的。

第二天老师问起这件事，女孩大方地说："老师，我的钱找到了，是我不小心放错了地方。"

课后，拿钱的同学把钱还给了她，十分感激："谢谢你这样做。"

我佩服这个爸爸。他看重的不是50元钱，而是一个活生生的孩子。50元钱可以害一个人，也可以救一个人。信任可以唤回一个人的良知。

时代在进步，教育方式也在变化。许多老师在培育孩子的诚实品质方面，充分发挥了"信任"的力量。

北京市光明小学开展"我能行"教育卓有成效。一次，中国少年报

社与该校共同召开了"我能行"教育研讨会。会上,我听到了一个感人的故事——"老师真有办法"。

前几天,我们班发生了一件怪事——"讲桌"偷拿了同学的钱,在大家的一通批评教育下,它不仅承认了错误,还把钱还了回来。信不信由你。

那天,李莉突然发现她装在钱包里的10元钱不见了。是谁拿走了呢?同学们纷纷议论起来。正在同学们相互猜疑的时候,一直站在前面不作声的于老师发了言。

"同学们,大家不要胡乱猜疑了,这首先是对同学的不信任、不尊重。这10元钱,我知道是谁拿的。"

教室里安静极了,大家都瞪大了眼睛。于老师叹了口气,说:"这件事是我的讲桌干的,我希望同学们能对它进行批评。"

什么?是讲桌干的?怎么可能呢?可是看看于老师的表情,又那么认真、严肃,真不明白于老师的宝葫芦里装了什么药。

于老师仿佛看出了大家的心思,接着说:"请同学们到前面来,告诉这张讲桌你对这件事的看法,对它进行批评教育。"

同学们面面相觑了几秒钟,开始活跃起来。你一言我一语,有的是严厉的批评指责,有的是耐心的帮助教育。

忽然,于老师拍了拍手说:"好了,批评教育先到这儿,你们看不到我看到了,讲桌已经后悔地哭了,你们快告诉它下一步该怎么办吧!"

同学们又活跃起来,有的说:"把钱偷偷地放回去,我们还会喜欢你的。"有的说:"写一个字条向李莉道歉,她会原谅你的。"还有的说:"要不你就交给于老师吧,她一定会替你保守这个秘密的。"

最后于老师发言:"同学们,今天你们都说得特别好。我想,这张讲桌一定会吸取教训,尽快改正错误的,谢谢你们给了它一个机会,一个找回诚实、找回自尊的机会。"

你知道吗?这张讲桌真的改正了错误,第二天李莉在书包里发现了讲桌"交"回来的10元钱,同学们都说:"咱们的于老师可真有办法!"

于老师的确很高明,她能巧妙地处理这件事,根本原因是她信任她的学生。

要做到对孩子信任,你可以这样告诉孩子:

一、相信自己——敢于批评自己

真正相信"我能行"的人,是敢于批评自己的人。

一个人不可能不做错事,尤其是小孩子,他们就是在知错、认错、改错中长大的。聪明的人做了错事,从来不赖别人,而是从自己身上找原因,结果越变越聪明;愚蠢的人做了错事,老是找客观原因,怨天尤人,结果越变越蠢。

有个人为自己准备了一个本子,上面写的是"我所做过的傻事"。每天晚上他都花点时间来自我反省,问自己"我犯了什么错误""哪些事我做得不对,怎么才能改进我的做法"。每周,他都选一个缺点或一个毛病着力改正,然后把每一天的反省做个记录。这个方法你可以试试看。一个人能发现自己不行的一面,也正是"我能行"的一种表现。

二、信任他人——愉快地接受批评

"我能行"的人,不仅能从表扬中获得力量,而且能从批评中获得力量。

批评你的人,都是关注你的人,不管他是好意还是恶意。如果听到有人说你坏话,你先急着替自己辩解,那你什么事都做不成了。听到批评,你可以做两件事:

一是尽力去做好你应该做的事,用事实证明你是对的,那么人家怎么说,就无关紧要了。如果事情确实做得不好,就是花十倍的力量来为自己辩解,也没有用。

二是去和批评你的人交谈。当面听取意见,也许你会知道自己错在哪里。如果受到不公正的批评,你也不必生气,只"笑一笑"就行了,这是相信自己也是信任别人的表现。总之,当批评的雨点落下来,不必忙着打伞。

三、他人信任——在信任中管教

在信任中长大的孩子往往充满自信,信任的力量正在于让孩子觉得"我能行"。

假如你每天早上总是不忘提醒孩子带这带那,结果他偏偏丢三落四。孩子本来有能力天天学习,天天长进,天天完善,你的唠叨却使他失去了自信。

我去辽宁省营口市开办"知心家庭学校",跟团市委书记曹爱华女士一见如故。她有一个十分可爱的女儿,名叫格格,刚上一年级。姥姥说她挺懂事,可就是有个坏毛病,每天早上不爱起床,得妈妈叫上好几遍。

"爱她不一定要管她。"我对格格的姥姥说,"有空带格格去买一个她喜欢的小闹钟,让小闹钟叫她起床就行了。告诉她,早上迟到了她自己负责。"

我又把格格叫到身边:"早上自己起床,你行吗?"

"我想我行。"格格说。

"你愿意每天让妈妈叫你起床,还是愿意让闹钟叫你起床?"

"闹钟叫我起床,多有意思呀!"

"我相信格格能管理好自己。那我们从什么时候开始呢?"

"有了闹钟就开始吧!"

第二天,姥姥带格格买了闹钟。后来曹爱华告诉我,格格像变了一个人，不用大人管了，还说她能自己管好自己。

　　给孩子一个自由的空间去发挥，孩子反而学会了管理自己。我告诉格格，每天按时睡觉，按时起床，以后到了该起床的时间，不用闹钟叫也能自己醒。

　　其实"不管"比"管"还难。不是孩子不行，而是自己要豁出去，要从心里信任孩子。

　　如果孩子犯了错误，老师和家长在批评和惩罚之后，施以温情是必要的，这样等于告诉孩子，大人否定的不是孩子本人，而是孩子的错误行为。所以，管教要有一个充满爱与信任的结尾。

写给世纪父母

发现的力量——你是奇迹
学会用发现的眼光,金子就在你身边

能发现千里马的人是伯乐,能发现孩子长处的父母是称职的父母。

一位作家说过:"人人都是天才。"要让孩子的潜力充分发挥出来,就要帮助孩子去发现"我能行""我哪点最行""我哪一点会更行"。我认为,让孩子"自我发现"比别人发现更重要。"我能行"的认识过程,本身就是一种自我发现的过程。"没有笨孩子,只有潜能尚未发挥出来的孩子。"要使孩子明白这些道理,父母和老师需要共同做工作。

我非常感谢我儿子中学的班主任。每次开家长会,她讲的只是哪些孩子成绩最优秀,哪些孩子进步最快,哪些孩子"最有潜力"。我儿子有时也被列为"最有潜力"的那种孩子。

实际上,这些"最有潜力"的孩子都是考场上还没有发挥好的孩子。老师不以分数论英雄,而真正是"以人为本",不仅让父母有面子,还让孩子有自信。孩子们主动去发现自己最强的地方,个个都挺自信。后来,我儿子终于发现了自己与众不同的方面,就不断展示着他的"潜力"。

谁会以自己的短处作为生存条件呢?人应当扬长避短,如果经常展示自己的长处,别人就会认为他行,他就向更行的方向努力;如果总是展示自己的短处,大家都认为他不行,自己就可能破罐破摔,影响自己一生的发展。

我们要善于发现孩子的长处。有很多父母,总觉得别人的孩子是天才,自己的孩子像个蠢材;别人的孩子是金子,自己的孩子是沙子。有这样的心理,他们永远不会主动发现孩子身上闪光的地方。

有个父亲一连几天给我打电话谈论他的孩子,每次说的都是孩子的缺点,我问:"你的孩子就没有一点优点吗?"

他居然回答:"我告诉您吧,他一点优点都没有!"

我生气了,对他说:"你不配当爸爸,你想好孩子的优点再找我吧!"

那么,怎样才能发现孩子的优点呢?

请爸爸妈妈相信,每个孩子都是金子。正像北京前门小学钱红石校长说的那样:"只要看重您的孩子,就会让蒙尘的金子闪光!"

发现孩子的优点要注意三条:

一、发现不同点

就像天下没有一模一样的树叶一样,世间也没有一模一样的孩子。父母的责任就是发现自己孩子的"不同"。

爱迪生之所以能够成为伟大的发明家,他妈妈功不可没,他有一个善于发现他优点的伟大母亲。

爱迪生上小学时,学校买来了新教具,他很好奇,全给拆了,又装不回去,气得老师请来了他的妈妈。老师对爱迪生的妈妈说:"你的儿子太爱拆东西了,你要让他改改这个毛病!"

"老师,我看是你不对哟!我观察儿子很久了,他跟别人最大的不同就是喜欢拆东西,你叫他改掉这一点,那我儿子不就跟别人一样了吗?"爱迪生的妈妈是那么相信这是儿子最大的优点。

喜欢拆东西,实际上就是好奇心强,是智商开发的动力。正是受到妈妈的鼓励,爱迪生的动手能力越来越强。爱迪生母亲发现了儿子的与众不同之处,发现了儿子的才能,也保护了儿子珍贵的好奇心。

那么,你的孩子有什么才能吗?有什么与众不同的地方吗?每个人都有与众不同之处,这个不同点也许就是他最行的地方。我们现在教育的误区是,把孩子培养成一筒"筷子",戳齐了就满足了。这样做培养不出人才,更培养不出天才。

写给世纪父母

二、发现闪光点

武汉市有个学习不太好的学生,上课特别爱举手,有时老师的问题还没有说完,他就把手高高举起。可叫他起来回答,他又答不上来。

老师课下跟这个同学聊天,问他原因。

"同学总笑我成绩不好,说我笨。我不服气,所以老师提问我总举手,想让大家看看,证明我不笨,可实际上我不会。"学生对老师实话实说。

老师了解了真相,表扬了他的积极性,并且跟他订下"君子协议":"以后老师再提问的时候,如果真会回答,你举左手;如果不会,你举右手。"

老师心里有了底,以后上课就抓住这名学生举左手的机会,让他回答问题,并经常表扬他。从那以后,这个学生在学习上有了很大的进步。

在武汉市中小学德育工作会议上,市教委主任罗友松讲完这个故事,会场上响起一片笑声和掌声。他说,老师对学生要多发现、多肯定、多赞赏、多表扬、多鼓励。

孩子天天在长大,天天在进步。父母和老师要像哥伦布发现新大陆一样去发现他,特别要善于发现后进孩子的闪光点,让每个孩子都抬起头来走路。

北京有个叫张晨的男孩,在一所寄宿制学校里读书。他很贪玩,不能按时完成作业,成绩很差。他的父亲是做生意的,经常气急败坏地抽打孩子,居然还创造了一个"骑马蹲裆式"。

有一次,学校请我去给家长讲课。课后,这个爸爸流着泪说:"我就这么一个儿子,我多希望他有出息啊!可这孩子老不完成作业,成绩不好,我为了他,死的心都有,生意也做不下去了。"

我对他说,要用鼓励的方法改变孩子,并告诉他一些教育方法。我还和班主任商量好:让班里的每个孩子制作一张小报,一天贴一张。这样,班里不仅有了日报,还能给孩子们一个展现自己才能的机会。

这一天,同学们的小报制作好了,特意请我去当评委。我想,老师肯定让我评出一、二、三等奖，那评不上的孩子怎么办呢？我便带了45张"知心卡"，准备送给所有参加这项活动的孩子，让每个孩子都得到"奖励"。

发完了一、二、三等奖，我说："我觉得所有的同学都画得很好，都可以得奖。我带来了45张小奖状！"同学们高兴得鼓起掌来。

"谁来代表大家领奖啊？是不是请一个进步最大的同学？"

"张晨！"孩子们齐声喊着同一个名字。

张晨站起来，调皮地走到讲台前。

接过奖状，他没有马上走，凑到我耳边悄悄说："留下吃饭吧。"

我一看表，6点多了，便同意了。

张晨高兴地对老师和同学大声宣布："'知心姐姐'同意留下吃饭了！"

吃饭的时候，孩子们跟我说起了心里话。

张晨说："唉，我爸不容易呀，每次开家长会都第一个来。有一次老师对我说：'你边儿上等着吧，待会儿再收拾你。'等别的家长都走了，老师就开始向我爸告状。我爸当着老师的面又踢我又打我，表示他跟老师是一头儿的。"

张晨叹了口气又说："唉，我们也不容易呀！我一岁半就上全托了，六岁上小学，又是寄宿制学校。"

我听了，眼泪都快流出来了。吃过饭，孩子们恳求我说："您先别走了，再到我们班去坐坐吧！今晚是圣诞夜呀！"我又一次同意了。

在教室里，我给他们讲了"快乐人生三句话"："太好了！""我能行！""你有困难吗？我来帮助你！"我告诉孩子们："你们的爸爸妈妈以后不会再打你们了，但你们要出息一点，不打你们要表现得更好。如果你们进步了，有什么愿望吗？"

"我想上电视！"张晨脱口而出。

"好！只要你考试能够及格，我保证让你实现这个愿望！"因为张晨成绩始终"红灯高挂"，门门不及格，我向他提出了这个要求，并且跟他"拉了钩"。

考试前，我给他们校长打电话："请转告张晨，别忘了跟'知心姐姐'的约定！"张晨这孩子还真争气，考试的两门功课都及格了，而且还有一门得了80多分。

这时，北京电视台要给我拍电视纪录片，本来我不想拍，但一想到跟张晨的约定，就马上同意了："走，跟我去学校。"

张晨跟他的同学都上了电视，以"快乐人生三句话"为主题，最后拍成了《关于独生子女教育·知心姐姐》的30分钟电视纪录片。

全国妇联开展的"年轻妈妈读书活动"颁奖大会在人民大会堂举行，当时由任全国人大常委会副委员长、全国妇联主席的陈慕华同志颁奖。正好那天有献花任务，我立刻想到了张晨和他的同学。接到我的电话，辅导员说："好，我去挑一挑。"我说："别挑，一挑像张晨这样的就来不了啦！这样吧，你让四（2）班全体同学都来吧！"

全班45个同学都去了，个个穿得精神漂亮。孩子们上台献花的时候，我把张晨介绍给陈慕华同志："过来，过来，跟奶奶握握手。"

张晨一边跟慕华同志握手，一边说："奶奶，我还忙着呢！"

"你忙什么啊？"慕华同志亲切地问道。

"老师让我组织照相。"

"哦，那你忙去吧！"慕华同志被张晨的认真劲儿逗乐了。

张晨的进步让他的爸爸妈妈、老师和周围所有的人都感到分外喜悦，这就是发现的力量。

三、发现动情点

孩子是人类最真诚的群体。孩子的内心是纯洁的，孩子的情感是细腻的，我们要与孩子为友，就要去发现孩子的真诚，倾听他们真挚的声音。

有个年轻女教师给孩子上课，穿了一双高跟鞋，走起路来"咯噔咯噔"地响。一个男生总是低头看老师的鞋，老师训斥道："注意听课，不许瞎看！"老师一走动，"咯噔咯噔"的声音又响起来，男孩忍不住又低头看。老师生气了："你这孩子怎么这么不正经！"男孩再也不敢看那鞋了。

有一天，这个男孩病了，老师去家访。听到"咯噔咯噔"的声音，男孩急忙打开门，一看是老师，没说什么，转身就往里屋跑，从床下掏出一双高跟鞋，含着泪说："我妈活着的时候，就爱穿高跟鞋，我一听到老师高跟鞋的声音，就想起她来……"

老师愣住了，一下子把男孩搂在怀里，流着泪说："老师冤枉你了，孩子！"

孩子对亲人的爱往往表现在细微之处，这细微之处又往往容易被忽视和误解。

有个孩子对我说："我妈过生日的时候，我送给她礼物。可我妈说：'花钱买这些干什么？'我当时挺生气的，觉得一份好心白费了。第二天，我发现我妈在仔细看我的礼物，我觉得挺高兴的，知道我妈还是喜欢我的礼物。她要是不用那种口气说话就好了。"

我儿子正在大学读书，新年没回家，给我和他爸寄来了他画的贺卡：一只笑容可掬的黑猩猩，左手拿着香蕉皮，右手敬着礼。

我招呼他爸："哎哟，你看你儿子画得多好啊！"

我丈夫过来看了看："哼，不好好念书，净画这个！"

话音刚落，我就发现贺卡上有一行小字："爸，请不要说'不好好念书，净画这个'。这可是我业余时间画的。"

我俩都笑了。我说："你看儿子对你的话记得多准确！"

家庭生活中，我们常常遇到的是细微小事，从中我们不难发现孩子闪烁着真诚和爱的情感。善于发现它，是使我们走近孩子并与之沟通的法宝，也是我们教育孩子走上成功之路的法宝。

 写给世纪父母

 评价的力量——你真棒
家长会能不能将"告状"变成"报喜"

有位父亲对我说,他最怕开的会是孩子学校的家长会。"我们在外面挺光鲜的,可一走进教室就只能低着头,谁叫咱儿子不争气呢!有一次我去开家长会,老师瞪着眼冲我说:'别瞧您是个干部,可您儿子那德行!'当时有个地缝我肯定钻进去!"

许多孩子都说:"天不怕,地不怕,就怕老师找我爸。"

我们的家长会能不能把"告状"变成"报喜",把"挑毛病"变成"发现闪光点",把"成绩大排队"变成"特长研讨"呢?

这一天为期不远了。在我国推行的素质教育中,许多学校已经迈出了可喜的一步——改变"评语"。过去许多学生最怕的是把老师写的评语给家长看,因为"语气生硬的评语"简直就是"告状信"。

记得几年前,一个男孩来信说:"告诉您一个不幸的消息,我被评为全班最差的学生了。老师的评语是:'该生表现极差,成绩经常拖全班后腿,简直是害群之马,不可救药……'我要是把这个评语给我老爸看,他非把我打死不可……"

可是,北京市前门小学的学生却把老师的评语看成宝贝,愿意给家长看。原来,自1995年开始,前门小学实行了评语改革,老师把以往的鉴定式评语改为谈心式评语。在谈心式评语中,老师改变了居高临下的姿态,站在跟学生平等的位置上,推心置腹地交流,做到以情感人、催人奋发,师生间建立起民主平等和谐的关系。

校长把厚厚一本评语记录给我看,从老师们对孩子充满激情的评价中,我仿佛见到了一个个活泼可爱的孩子。下面,摘抄几段:

"了不起的李博崛同学，你是我教过的引以为荣的最优秀的学生之一。你出色的管理能力，创造性的工作，给我的班级管理带来了活力，带来了生机。'报喜小队'坚持不懈的家访，'红星小队'的助人活动及几次成功的班会，已展露了你的才华，同时也给许多同学家长和其他老师留下了深刻的印象！也正是因为这些，我和王老师是多么希望你能用出色的成绩来弥补你粗心的缺点啊。"

"那个曾经自由、散漫的你不见了，那个最初自私、无礼的你也消失了，站在老师和同学们面前的是一个认真、踏实、热爱学习、积极上进的郭明洁。你知道吗？看到你的成长，你的进步，老师心里高兴极了。人可贵的地方在于知错就改，这一点你做到了，相信你能坚持下去，今后会做得更好！好孩子，老师期待着你更可喜的进步！"

"你的家住得很远，身边又缺少人照顾，天天挤车上下学，一学期过去了，老师向你道声'辛苦了'。新来到我们班，你有什么感想，不妨找我说说。你很懂事，又很内向，但老师是你的朋友，你可以大胆地说，我想两个人的力量总会大一些吧！虽然你的成绩现在还不够理想，但看得出你在努力了。坚持下去，相信明年你会有更大的进步！"

谈心式评语不但激励了学生，也感动了家长。一个母亲说："老师对孩子一句赞扬的话，会令我们全家兴奋不已。"一个学生说："爸爸看了评语，不像以前那样粗暴了，变得心平气和了。"

老师和家长用欣赏的眼光看孩子，就会发现孩子不一般的优点；用赞美的口吻评价孩子，就会在孩子心中荡起一股股激流。当我以"知心姐姐"的身份面对孩子们时，我会睁大眼睛去发现孩子们的长处和闪光点，然后用十分惊讶和肯定的语言表达出来，就如同发现了"新大陆"！我相信，"知心姐姐"的评价对崇拜"知心姐姐"的孩子来说，可能会影响他的一生！

评价是一种力量,更是一种能力。

一、自我评价——正确看待自己

在一次中队干部改选中,有一名男生大胆走上台,对同学们说:"我这个人优点有三条:一是爱帮助人,二是能团结人,三是爱动脑筋想办法。我的缺点也有三条:一是爱发脾气,二是有时粗心马虎,三是上课爱做小动作。我希望能有机会为大家服务,希望大家投我一票。"他的真诚引来同学们热烈的掌声。当选为中队长后,他干得十分出色。

无论是谁,都有优点也有缺点,有长处也有短处。坚信"我能行"的人,并不是没有缺点和短处,而是善于发扬自己"行"的一面,同时敢于正视自己"不行"的一面。

有些孩子心理承受能力差,听别人批评自己就受不了,甚至因为一两句话而轻生。这样脆弱,常常是因为从小被娇宠惯了,不能辩证地看待自己。其实说你有优点,掩盖不了你的缺点;说你有缺点,也否定不了你的优点。

二、评价他人——正确看待别人

一次,我到北京一所小学参加"知心姐姐"咨询活动。有个男生说,他特别想当队干部,哪怕是小队长也行。我问同学们:"你们同意他当队长吗?"

"不同意!"几乎是异口同声。

"为什么呢?"我非常奇怪。

"他学习不好!"

"他上课爱说话!"

"他爱打架,老招人!"

…………

"他有什么优点呢?"我问。

"他没有优点!"

在同学们的一片指责声中,这个男生低下了头,眼睛里含满泪水。后来听说,选干部时,他只得了两票,其中有他自己投的一票,另一票是他的好朋友投的。

我很为这个男孩感到惋惜,同时也为他打抱不平,难道他一点优点也没有吗?这恐怕不符合事实吧!

所谓正确评价别人,是客观、全面地看待人,并且对人做出公正的评价。作为一个孩子,不可能什么都好,没有一点缺点;也不可能什么都不好,没有一点优点。我们不能"盲人摸象",摸到一个局部,就认为是全部。

家庭是我们教育孩子正确、全面地看待别人的启蒙学校。比如爸爸评价妈妈:"是个热心人,但比较粗心。"妈妈评价爸爸:"很稳重,但爱挑剔……"这样的评价会让孩子从小有这样的概念:尺有所短,寸有所长;金无足赤,人无完人。那些老在家里说三道四、讲人家坏话的家庭,培养出来的孩子也可能会是心胸狭窄、爱搬弄是非的人。

写给世纪父母

合作的力量——朋友需要你
学会与人合作,是成功的开始

  合作,指的是人与人之间相互配合。一个人能否成功,很大程度上取决于他的合作能力。"我能行"的含义,并不是"只有自己行,别人都不行",恰恰相反,是"取人之长,补己之短,取长补短走天下"。正如北京光明小学刘校长总结的:"你在这点行,我在那点行,合作大家行。"

  现代社会需要富有合作精神的人。有的父母很爱自己的孩子,但是却不愿意让自己的孩子与别的孩子玩,慢慢地,孩子养成孤僻的性格,很不合群,长大以后常常因为不能处理好人际关系而陷入苦恼之中。

  你想让自己的孩子拥有快乐的人生,就一定要让他从小学会与人合作。

  一次,我去一所小学和孩子们见面。我问他们:"你们会写'人'字吗?"

  孩子们哄堂大笑。他们用笑声告诉我:"这么简单的字谁不会写啊!"

  "让我们一起来写。"我用很高的声音压住笑声。

  "一撇,一捺,念'人'!"孩子们用手比画着大声说。

  "很好!如果只有一撇念什么?"我伸出一个手指。

  "念'1'!"

  "如果只有一捺念什么?"我又伸出另一个手指。

  "也念'1'!"

  "这就对了,差一笔就不念'人'了。'人'字表示:人与人之间要相互支撑,相互合作,才能把事情办好。"

一、学会与人合作，就要真正认识到别人很重要

柯有棣是武汉市的少先队总辅导员，全国辅导员标兵，也是中国少年报社终身通讯员。他为少先队工作了一辈子，深受孩子们的喜爱。我十分敬重老柯。2000年到来时，我给老柯寄去新年贺卡，上面写的是我思考了许久之后的心里话："老柯，我们不能没有你！"

两个月后，老柯来北京参加我们报社召开的座谈会。他在发言中竟然提到那张贺卡，十分激动地说，他每年都收到很多贺卡，唯有这张贺卡让他感动，令他难忘。我没有想到，真诚的祝福会让一位年近60岁的老同志如此在意。从中我也悟出一个道理：与人交往，一定要尊重人、看重人，使对方觉得他在你心目中很重要。

这使我想起一个故事：在纽约街头，一个乞丐打扮的人在地摊上卖铅笔。一个商人从他身旁经过，把一枚一元的硬币丢进放铅笔的杯子里，匆忙踏进地铁。但他停了一下，又转身回来，走到卖铅笔人跟前，从杯中取走几支铅笔，并很抱歉地解释说，他匆忙中忘记取走铅笔，希望这个人不要太介意。他还说道："你跟我都是商人。你是在卖铅笔，而且上面都有标价。"说完，他赶下一班地铁走了。几个月后，在一个社交聚会上，一名穿着整齐的推销员迎向这个商人："你可能忘记了我，我也不知道你的名字，但我永远也忘不了你。你就是那个重新给我自尊的人。我从前是个卖铅笔的乞丐，直到你那天告诉我，我是一个商人为止。"

在这个世界上，每一个人都有很大的潜能，你不仅要知道自己的潜能，也要了解别人的潜能。你尊重了别人，别人也会尊重你、看重你，这样，你和他才有可能成为真正的朋友，你的事业才有可能获得成功。

二、学会与人合作，就要对别人真诚地感兴趣

一个人只有真诚地对别人感兴趣，他才会得到很多朋友。有的父母只要孩子关心自己的学习成绩，其他的事情一律不许过问，久而久之，

写给世纪父母

孩子养成了只关心自己的习惯,只要求别人满足自己,至于别人有什么困难,他们并不去想。他们享受不到帮助别人和得到别人帮助的乐趣。长春市一名13岁的少年,只因父母没有满足自己的要求,便以死来威胁父母,一周内竟然三次服药自杀,幸好被及时发现抢救脱险。

一个作家要想写出畅销书,一定要对读者感兴趣;一个艺术家要想赢得观众的掌声,一定要对观众感兴趣。

一位叫哲斯顿的大魔术师,40年中到世界各地去演出,共有6000万人看过他的表演。成功的秘诀之一,就是他始终对别人真诚地感兴趣。他总对自己说:"我很幸福,因为这么多人来看我的表演。我要把最高明的手法表演给他们看。我爱我的观众,我爱我的每一个观众。"

孩子终究要走上社会,无论从事什么工作,都要和人打交道,只有对自己工作的对象感兴趣,才能焕发出一种热情、一种创造力。

三、学会与人合作,就要给予别人诚挚的关怀

人与人之所以成为朋友,正源于他们之间相互惦记、相互牵挂。

一次,我去宁波采访,当地一群《中国少年报》小记者听说了,先跑来采访我。一个女孩问:"我们有苦恼找'知心姐姐','知心姐姐'有苦恼找谁呀?"

诚挚的问话,一下子热到我的心里。我当了那么多年"知心姐姐",经常听到孩子向我倾诉自己的烦恼,却很少有孩子关心我的烦恼。我激动地对她说:"谢谢你对我的关心。我烦恼的时候,一是靠自己的好心态,更多的是靠朋友。"被人关爱的感觉真好!

2000年8月的一天,我在信阳人民广播电台做直播节目。节目结束后,刚从直播室里走出来,早已等候多时的12岁的林辰扑了过来,轻轻的一句:"'知心姐姐',我真的好想您……"说得我两眼噙满了泪水。林辰是大别山一只勇敢的"小鹰",她从小患白血病,一直遭受着病魔的折磨,做了几次骨髓穿刺,但她都表现得十分坚强。三年前做大手术,在她一再请求下,医生准许她把《写给年轻妈妈》一书带进了手

术室。她说，她是靠着"知心姐姐"说的"我能行"战胜病痛的。

我与林辰交谈时，一位年轻的妈妈手捧一本纪念册请我留言。我搂着小林辰说："你想个词，我来写。"林辰深思了片刻，说："'知心姐姐'，就写'遇到困难都说我能行'吧！"

"好，好……"我连连夸赞着。

这时，又一个笔记本递过来，我把目光投向林辰。林辰思考了一会儿，凑到我的耳边轻声说道："栽个跟头爬起来，说声'太好了'。"我听出来了，这是我书中的一句话，她竟然记得这么牢！

临走，林辰送我一个漂亮的小瓶子，里面装满了彩纸折叠的小星星。"这99颗小星星是我亲手叠的。有人说，第99颗星是幸运之星……"林辰说着，脸上露出灿烂的笑容，而我却被感动得掉下了眼泪。

听我的好友潘琳说，林辰的表哥报考中央美术学院差几分没有考上，情绪有些低落。林辰及时给他打去电话："哥，今年考不上明年再考，你看我，没有机会考大学，我都没难过。"妹妹的话让这个19岁的大小伙子感动得不知说什么好。

谁是有魅力的人？林辰小朋友就是，那些会关心人的孩子都是！

创新的力量——你能做得更好

成功,只属于那些具有"我能做得更好"心态的人

创新是一个民族进步的灵魂。

今天,随着时代的发展,各方面都在呼唤创造性人才,各种类型具有创新思维和创造能力的人将在社会发展中起主导作用。

创造性人格的特征,可以概括为有强烈的好奇心、有顽强的毅力、有勇敢的进取精神。

怎样培养孩子的创新精神呢?我们可以从三个方面去努力。

一、创新与心态——我能做得更好

什么是创新的心态?《伊索寓言》里有这样一个故事。

> 在一个暴风雨的日子里,一个穷人到富人家讨饭。
> "滚开!"仆人说,"不要来打扰我们。"
> 穷人说:"只要让我进去,在你们的火炉上烘干衣服就行了。"仆人认为这并不需要花费什么,就让他进去了。
> 穷人请求厨娘给他一个小锅,以便他"煮点石头汤喝"。
> "石头汤?"厨娘觉得好新鲜,"我想看看你怎样用石头做成汤。"于是答应了他。
> 穷人从路边捡了块石头,洗净后放在锅里。
> "你总得放点盐吧。"厨娘给了他一点盐,又顺手给了他点豌豆、薄荷、香菜,最后还把一些碎肉末也放进汤里。

当然，你也许能猜到，这个聪明的穷人后来把石头捞出来扔掉，美美地喝了一锅肉汤。

如果穷人对仆人说："行行好吧！给我一锅肉汤。"那会得到什么结果呢？

创新在于找出新的改进办法。任何事情的成功，都是因为找出了把事情做得更好的办法。

培养创造性思维的关键是要相信"我能做得更好"。有了这种信念，你的大脑才能活跃起来。如果只想"不可能""办不到""没有用""我不行"等，那么创造的大门就关闭了。

人的心态决定人的能力。从某种角度来说，你能做多少，要看你想做多少。

怎样培养孩子具有"我能做得更好"的心态呢？

失聪女孩周婷婷的父亲周弘，创造了"赏识成功教育法"。我曾目睹过周弘对一个四岁听力障碍儿童的启迪式教学：

戴着助听器的女孩在画画。她画了一个人，头小小的，身子却大大的，拿给周弘看。周弘惊讶地说："你画得可真好！真好！只可惜头小了一点，要是再大点就更好了！"

女孩马上说："我还可以画个大的。"不一会儿，又一个小人出现在纸上，头大大的，身子小小的。

周弘看了看，兴奋地说："真不错，头长得很快，只是身子又小点了，会支撑不住的。"

女孩说："我还可以画个合适的。"又一个小人在她笔下出现了，头和身子的比例正合适。

仅仅 20 分钟，奇迹创造出来了，一个四岁的听力障碍儿童在周弘的鼓励和赏识下，打开了智慧的大门。

周弘说："每个孩子身上都蕴藏着不可估量的潜能，我们应当尊重每一个幼小的生命，爱惜生命的每一个内涵。不能开发每个孩子的潜能，是父母教育的失职和悲剧。"他认为："哪怕天下所有的人都看不起您的孩子，做父母的也应该欣赏他、拥抱他、称颂他、赞美他，为自己创

造的小生命而自豪！"

周弘的可贵之处在于，相信孩子"能够做得更好"。无论在什么样的困境中，总能看到光明，并给孩子以希望。有这样心态的父母，才可能培养出有创造力的孩子。

二、创新与兴趣——我很喜欢做

正当我写"创新"这一节时，儿子放假回来，我和他探讨，怎样才能培养孩子的创新精神。

"那必须先培养兴趣！小孩的创新主要来自兴趣，而兴趣主要来自游戏！"儿子不假思索地说，"打个比方，我小时候跟小伙伴'拍洋画'，我老拍不过人家，就白天黑夜地琢磨，想方法，找窍门，这就是创新！再比如搭积木，今天搭座房子，明天就搭座桥，后天还要搭个城堡，这也是创新！今天超过昨天，明天又超过了今天，改变现状的思维就是创新思维。这种创新为什么不累呢？因为这是游戏，有兴趣！依我看，要培养孩子的创新精神，就要放手让孩子玩！"

孩子是在游戏中长大的。游戏中可以发现孩子特殊的天赋和才能，如果父母因势利导地去培养、强化这种兴趣，就可以使孩子在某些方面有所突破。

遗憾的是，今天父母的眼睛往往只盯着分数，忽视了孩子的好奇心和探索心，而好奇心和探索心正是创造力的来源！

一次，我在冷饮店里看见一个小孩用吸管喝酸奶，喝着喝着吸管堵住了，小孩很着急。站在旁边的妈妈马上弯下腰，夺过酸奶瓶："我来弄！这还不容易！"真可惜，一个让孩子展示"我能行"的机会就这样失去了。

妈妈换一种方式会怎样呢？比如凑到孩子身边，用好奇的眼光看着酸奶瓶的吸管："哎呀，刚才不是好好的吗？现在怎么吸不上来了呢？这到底是怎么回事呢？"妈妈自己千万不要动手，只是看着孩子。孩子的好奇心很自然被激发出来，他会想办法解决的。

三、创新与进取——多留心生活

创新并不神秘，有时候想办法把生活中不方便的事变成方便，就是创新。只要多留心生活，一点小事可能就是将你引上成功之路的千载难逢的机遇。

美国有个穷画家，名叫李普曼。一天，他画得正起劲，橡皮找不到了，费了好大劲儿才找到橡皮，可铅笔又不见了。后来，他索性将橡皮用丝线捆到铅笔的尾端。但用了一会儿，橡皮又掉了。为这事，他琢磨了好几天，终于想出了一个好主意：他剪下一小块薄铁皮，把橡皮和铅笔绕着包起来，就这样，带橡皮的铅笔诞生了。后来，李普曼申请了专利，并把专利卖给一家铅笔公司，获利55万美元。

千万别小看孩子无意中的小发明。

叶波是南京市凤凰街小学小有名气的"发明家"。这个女孩从小活泼好动，可爸爸妈妈并没有因为女儿屡屡"搞破坏"而责怪她，这使叶波的创造天性有了充分自由的发展空间。正是在父母的鼓励和支持下，她发明了适合儿童使用的"安全剪刀"，1999年成为中国少年科学院首批小院士，还被评为"全国十佳少先队员"。

在全国，像叶波这样有成就的少年虽然还不多，但热爱科学、勇于探索的孩子却越来越多。浙江省少工委多年来一直坚持开展"科学创意金点子"活动。

比如：浙江省金华市育才小学陈俊苗同学想发明一种在夜晚发光的自行车车轮，使汽车驾驶员能够在黑夜里看见自行车，避免交通事故。

台州市路桥新桥小学康海军同学想发明一种空间吸尘器，把它安在教室里的一个角落，只要一按电钮，灰尘就都被吸进去了。

台州市黄岩红光镇中心校杨正同学很喜欢小动物，很想跟小动物交流。他想搞一种特殊的耳机，人们戴上它，能够听懂各种动物的语言。

在孩子们的想象中，可谓"世界真奇妙"！

但是，从一个创意的萌芽到变成造福于人类的产品，是要经历许多艰辛过程的。叶波的创意,首先得到父母的支持,接着得到老师的指点,再加上她的努力,才最终获得成功。

想让自己的孩子具有21世纪人才所需要的创新精神和实践能力吗?那就请你在家里开个点子公司,帮助孩子管理好他想出来的点子,发展他的创意。具体地说,就是帮助孩子做好准备:

(一)一个小本子,封面写上"未来大发明家×(孩子的名字)的发现"。鼓励他有了新发现,想到新点子,就马上记下来。有创造灵感的人都知道,新的创意常常会不经意地冒出来。

(二)一个小箱子(鞋盒也可以),上面写上"我的百宝箱"。把记录有创意的小本子和随手画的发现创意图、灵感小卡片放在里面,经常翻开看一看,哪些创意有价值就保存好。

(三)开始实施。实施计划上写着:"我能行!我不会后退!"然后开始动手。

这样坚持下去,相信你的孩子将成长为善于创新的人。

第九章

帮孩子开发什么——六大财富

有两个毕业生分别打电话给我,让我帮他们找工作。他们不约而同地提出:给我一个机会吧!

一天,我跟儿子聊起这件事,问他怎么看待机会。

儿子说:"假如是我,我会对用人单位说:'给我一个机会,还你一个奇迹!'人家肯定为之一振,首选一定是我。这叫作自信。"

儿子的回答果然让我为之一振。假如我在做招聘工作,可能真的会对他产生兴趣:究竟他有什么本领?他会用什么还我一个奇迹?

"机会不是靠别人赐予的,要靠自己去争取。"儿子补充说。

仔细想一想,在人的一生中,最大的财富是什么?不正是自己吗?相信和运用自己身心迸发出来的神奇力量,是多么迷人的事情啊!一个不相信自己、不敢大胆追赶机会的人,如何能抓住机会呢?

21世纪带给人们前所未有的磨炼和超越的机遇,还有抉择和改变的权利。

在这个全新的时代里,什么叫成功?有一名教育学博士用一句话做了归纳:"在一个人的一辈子当中,所有的机会乘上他对每一次机会选择的智慧,再乘上执行他自己所选择机会的行动力,这样的一个总和称之为成功。"所以说,准备好的人才能抓住机会,才有可能获得成功。

在21世纪,要想让孩子成为成功者,并不是忙着去为孩子积累财富,而是让孩子自身成为财富。竞争中,哪里拥有高素质的人才多,哪里创造的财富就多;哪个国家拥有高素质的人才多,哪个国家就强大。

我认为,真正对孩子一生负责的父母,应该帮助孩子开发自身的财富。

财富之一——会思考的头脑
想象力比知识更重要

我们每个人都有一个神奇的大脑,大脑有左右两个半球:左脑主要处理语言、逻辑、数学、次序,即所谓的学术性活动;右脑主要处理节奏、旋律、音乐、图像和幻想,即所谓的创造性活动。

今天,人类十分重视对右脑的开发,而开发右脑,发挥创造力,主要是运用想象力。

"想象力比知识更重要。"这是科学家爱因斯坦的著名论断。他还说,因为知识是有限的,而想象力概括着世界上的一切,推动着世界的进步,并且是知识进化的源泉。

画画,是培养孩子创造力、想象力的重要途径。

在画画中,模仿是一个简单的由眼睛到手的过程,由于没有心的参与,可以说是一个类似"复印"的过程。长此以往,虽然技艺越来越高,可想象力却越来越差。他的眼睛里有画,而心里没有。眼睛里的画只能是别人的画,只有心里的画才是自己的。

有创造性的孩子,往往是用"心"画画,正是在"心画"的过程中,培养了创造力。

北京市和平里四小就是一个注重培养孩子创造力的学校。有一天,日本教育代表团来校观摩四年级的美术课。美术老师胡明亮画了一只流着眼泪的小鸭子,让同学们以这只鸭子为主题,当场创作一幅画。30分钟后,全班36名同学创作出37幅画,令日本教育家们大为惊讶,连连称赞:"中国的孩子太富有想象力了!"

孩子们都画了些什么呢?胡老师把同学们的作品带给我。

赵亦鑫画的是《失去自由》:小鸭子被关在铁笼子里,望着一群高飞的大雁在默默地流泪。

陈溪画的是《不准动！》：一个戴着假面具的人，正用枪口对准一只流泪的小鸭子。

李佳画的是《水污染》：小鸭子从被污染了的河里叼起一条小鱼，而小鱼只有骨头架子，小鸭子伤心地哭了。

最精彩的是唐小晰的《触景生情》：一只小鸭子呆呆地站在"烤鸭店"门前，看到爸爸妈妈都被挂起来烤熟了，自己成了"孤儿"，不禁伤心地流下了眼泪。

我想，如果我们的美术课都能像胡明亮老师这样教，让孩子们充分展开想象的翅膀，那孩子可就解放了。一名优秀的教师，必须重视培养学生的想象力。

人类的发明，都来自大脑。一个奇妙的主意怎样才能产生出来呢？这就要张开想象的翅膀，打破原有的模式，学会重新组合，把不方便变为方便。比如：

改变的方式：把两辆汽车摞在一起，改成双层，让它的容量加倍，也可以把汽车减半、扩展、切开、拉长等。

代替的方式：用小球代替钢笔尖，制造出圆珠笔；用互联网代替传统的通讯方式。

重组的方式：把耳机和收音机组合在一起，成为"随身听"；把商场和地铁车站连在一起，地铁的出口也就是商场的入口。

我向全国著名少先队教育专家段镇老师学了一招：加一加，减一减。比如，在一个圆圈上加点什么，能变成什么？

我曾经去一所城市小学和一所农村小学，让孩子们做这个游戏。我在黑板上画了五个圆，让五个孩子上来画。结果，城里的孩子画的多数很复杂：向日葵、小花、小孩、钟表、太阳等。而农村的孩子画得却较为简单，比如圆上加一竖——梨；圆下加一竖——气球；圆下画一横——太阳从地平线上升起；圆中画一个正方形——铜钱；圆上点上很多小点，一个男孩告诉我——芝麻烧饼！

新知识、新技能怎样才能学得快呢？有一个成功的做法：进行"形象训练"，画脑图——把全部东西在脑子里绘画组合。

日本有个著名医生，小时候，祖父教他骑自行车，并不先买车，而是让他看别人怎么骑，让他反复想着自己应该怎样骑，在这个阶段，他一次也没有骑过车。过了一段时间，在他找到感觉以后，祖父才买了自行车。他开始骑的时候，有点摇晃，但很快就轻松自如了，连他自己都奇怪为什么掌握得这么快，其实这就是画脑图的作用。学医后，这个经验得到充分的运用。他第一次给患者做阑尾手术，就十分出色。执刀之前，他先反复进行形象练习，回想观看高年级同学手术时的全过程，脑子里浮现出自己执刀手术的全部形象，预想可能出现内脏粘连等复杂症状，描绘着自己有条不紊地及时判断处理的全过程。由于事先做好思想准备，一旦走上手术台，就没有了初次执刀的紧张慌乱。

再说说我自己。我利用业余时间学习了大学本科和研究生课程。考试前，我的复习方法是将知识画成树状的图，所有的知识点就是树突，反复看、反复想，最后形成一个脑图。这样，大部分要点都记得比较清楚。另外，上台讲话，我也很少拿稿子，有的时候一口气讲三四个小时。有人说我记忆力强，其实不是，是我已经事先把所要讲的内容画好了脑图，想着"图"讲，这样就能声情并茂，用心与听者交流。有时，我觉得有了稿子反而会限制我讲话，反而给自己造成"麻烦"。

这其中，冥想是十分重要的。你把自己想象成一个成功者，你就可能成为一个成功者；想象成一个失败者，你就可能是一个失败者。孩子在上考场、上赛场、上台讲话或者表演之前，你对他说"别紧张"，他肯定会紧张；如果让孩子想"我都准备好了，我会自如发挥的"，那一定会有好结果。

第四次全国少代会在北京召开，我担任小代表的辅导员，每天要对孩子们进行"'知心姐姐'十分钟"讲话，送他们一份"人生的礼物"。

第一天讲的是"快乐人生三句话"。讲到"我能行"时，我说，任何时候都要把自己想象成一个成功者，如果你晕车，上车前要大声对自己说："我不晕车，我不晕车，我才不晕车呢！"然后，你就想象自己上车后高兴、自由、快乐的感觉，你可能就不晕车了。真的，少代会结束时，好几个孩子对我说："'知心姐姐'，您教的这招真灵！"有个带队老师告诉我："我们团一个孩子晕车，从机场到饭店，那么短的路程吐了好几次。听了你的课，他每次上车前都要说：'我才不晕车呢！'结果这几天，天天乘车开会、活动，他一次也没有晕过车！"可见，给自己一个积极的心理暗示，就会使紧张的心情得到放松。

做父母的，都希望自己的孩子有一个聪明、敏捷、健康的大脑。那我们应该做些什么呢？

一、"喂"好脑

大脑需要能量，能量主要从食物中获取。有人说，你的孩子早餐吃什么，决定着你的孩子成为什么样的人。这当然有些夸张，但也不无道理。平时，要多给孩子吃富含维生素C和蛋白质的食物，比如新鲜蔬菜、水果、大豆制品、肉类、鱼类等，早餐能吃一根香蕉更好。脑在工作时需要大量的氧和糖，所以要常常保持室内空气清新，注意通风换气。要让孩子经常做深呼吸运动，也就是"调息"。平时让孩子多运动，才能保证大脑有充足的养分。

二、使用脑

俗话说得好："你不用它，就会失去它。"要使大脑得到开发，就要经常使用它，脑子越用越灵，不用就越来越笨。集中精力多思考是锻炼大脑的最佳方法。思维敏捷的人，都是好动脑筋、勤于思考的人。我们批评"题海战术"，是因为它把复杂的脑力劳动变成了重复的"体力劳动"，对孩子的智力发展极为有害。

三、放松脑

自然放松、轻松愉快，可以活跃大脑的生理功能，是保护大脑的好

办法。我掌握了一套大脑的"放松术",效果很不错,通过主观意志的活动,放松全身肌肉,从而调节紧张情绪和高级神经活动的机能。

现在,每逢组织孩子们活动,在紧张之余,我经常带着他们进行放松训练。当然,程序没有这样复杂,但常常使疲惫而又兴奋的孩子得到很好的头脑休息,也方便他们更好地参加后面的活动。

父母们还要注意,保证孩子充足的睡眠,是保护大脑的最好办法。因为人只有在睡眠时,肌体内的免疫细胞才能很好地生长。长期睡眠不足,免疫功能自然下降,人就爱生病,也会影响工作和学习。

大脑,就像一个"沉睡的巨人"。帮助孩子开发大脑吧——巨人醒来之时,正是即将成功之日。

财富之二——会观察的眼睛

观察力是创造力的源泉

一天,我去天津大港油田参加中国少年报社召开的儿童诗人"世纪盛会"。开幕式当天下午,我们来到大港油田实验中学,参加"大小诗人见面会"。

台下坐的是热爱诗歌的中学生,台上坐的是中国作家协会书记处书记高洪波和著名儿童文学作家、诗人金波,尹世霖,关登瀛等。热情的孩子们非要让"知心姐姐"讲话不可,原来只准备听会的我只好站了起来。

"今天台上台下全是'湿人'("诗""湿"同音,我开了一个玩笑),只有我一个是'干人'。"我的开场白引来一片笑声。

"今天我想说说对诗人的认识,讲讲'干人'怎么变成诗人!"台下一下子安静下来,同学们被这个奇怪的话题吸引住了。

"我想先问问大家:人有几双眼睛呀?"

"当然是一双眼睛喽!"中学生们一定觉得我提出这个问题太可笑了。

"可是昨天,我却发现了有两双眼睛的人!"

话音未落,台下已是一片哗然。

"两双眼睛的人?在哪儿?"同学们你看看我,我瞅瞅他,满处寻找。

"不用找了,他们就坐在台上,那就是诗人。"

"啊?台上的诗人?不也是跟我们一样,长着一双眼睛吗?"同学们更不明白了。

于是,我讲了我的发现:"昨天下午,我陪诗人们来大港油田。天已经黑了,大港油田完全笼罩在黑色里,一片黑暗中只闪烁着点点灯光。可是今天开幕式上，高洪波老师却朗诵了他昨晚刚写的诗。诗的前几句是：我们被童心簇拥着／被内心涌动的诗情推动着／擎着丹柯一样炽热的心／来到大港油田／脚下是燃烧的地火／是驱动祖国列车隆隆行进的伟大的能源……我十分惊讶，我看到的明明是黑黑的水泥地，而诗人看到的却是'燃烧的地火'，他不是有另外一双眼睛吗？"

我对同学们说："诗人与'干人'的不同之处在于，诗人有另一双眼睛藏在心里，叫作'心灵的眼睛'，这双眼睛能看见别人看不见的事物，能发现别人发现不了的秘密。你也许要问：我能不能也有一双心灵的眼睛呢？我的回答是：完全可以！如果你能一边看一边想，细心感受，你便会有新的发现、新的感悟。"

我还告诉同学们："想当诗人，就要用欣赏的眼光去观察世界，用爱的情怀去感受世界，用热情的语言去表现世界。这样，'干人'才有可能变成诗人！"

同学们对我这位"干人"的讲话报以热烈的掌声。

接着，尹世霖老师又做了重要补充。他说，好诗在意境，让人去联想。要用意境去写诗，用情感去写诗，而意境也要用心去感悟。

观察力是创造力的源泉，观察力是可以培养的。特级教师李吉林老师就十分注重培养学生的观察能力，充分发挥"眼睛"的作用。

一个晴朗的早晨，她带着学生来到开满野花的河畔。

"野花有名字吗？"孩子们兴奋地问。

"有啊！这是荠菜花，那是知风草。你们看，那边还有更美的野花——"李老师把孩子们带到了蒲公英的旁边，让同学们按照"叶——茎——花"从下向上顺序观察，并指导他们边看边描摹各个局部。

"蒲公英的叶子是这么整齐，是二月的风伯伯裁剪的。"

"它像一棵小巧玲珑的向日葵。"

学生们你一句我一句地议论着。

夜晚，李老师坐在灯下思索：孩子们认识了蒲公英，怎样调动他们的写作兴趣呢？让他们用拟人的方法把看到的写下来，不是更能激发想象力吗？

上课了，李老师启发孩子们自己拟题目。

孩子们兴致勃勃，一下子出了七八个题目。最后，大家选中了《我是一棵蒲公英》。

李老师在黑板上画了一朵大蒲公英：圆圆的花盘里，有着一对眼睛和一张微笑的嘴巴。

孩子们看着这拟人化的蒲公英，也都笑了起来。

"现在许多小朋友还不认识你们这些蒲公英，你们准备先介绍什么呀？"

"介绍我的家。"

"介绍我的名字。"

孩子们七嘴八舌地抢着回答。

李老师继续启发："你们的家住在哪儿？家里有哪些人？谁是你们的兄弟姐妹？"一连串的问题，给孩子们提供了广阔的想象空间，又把他们带到一个新的意境之中。

"小草是我的兄弟。"

"野蔷薇是我的姐妹。"

"蝴蝶姐姐是我家的常客。"

孩子们想象的翅膀张开了。

老师又提出一个问题："还有一个重要人物没介绍呢！"

孩子们顿时愣住了。

这是李老师精心设置的"障碍"，她想让孩子们想得更深更远。

在孩子们冥思苦想的时候，李老师拿出一棵蒲公英，把茎轻轻折断，让孩子们观察冒出的白色乳浆。

孩子们豁然开朗。

"我知道了，还要介绍土壤妈妈。"

"我们是吸着土壤妈妈的奶汁长大的。"

下课前，李老师拿起那毛茸茸的种子，使劲一吹，小伞一样的种子从窗口飞向蓝天。

孩子们的心跟着蒲公英的种子，飞啊、飞啊，飞向了远方……

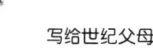

　　许多父母整天把孩子关在家中,休息日也不让他们出去玩。结果这些孩子眼里就缺少画面,写起作文来不是干巴巴的,就是抄点形容词装点一下,一点意思也没有。

　　你的孩子有一双明亮的眼睛,请千万珍惜!让他们睁大眼睛去观察、去发现。注意:是让孩子用自己的眼睛,而不是我们的眼睛!

财富之三——会倾听的耳朵

学会了倾听,对方就会打开心扉

我们每个人都有两只耳朵,耳朵的功能是倾听。

一、我们要学会倾听,倾听大自然的声音

我们生活在大自然中,只要用耳朵静心地倾听,就能感觉到,大自然打开了它的大门,让我们听到风声、雨声、雷声、水声、小鸟的唱歌声、蝈蝈的演奏声、小狗的玩耍声、母鸡的报喜声、公鸡的打鸣声……于是,我们融入了大自然。

器官不用就会退化,我们可不想让孩子生活在无声的世界里。那么,假日里,就带上孩子,离开喧闹的城市,到野外去,到山里去,到海边去,到大自然中间去倾听,忘掉如山的作业,忘掉考试的成绩,忘掉往日的不快,只是去听,听平日听不到的声音,感受听的美妙!

二、我们要学会倾听,倾听对方的声音

我们每天要跟人打交道,周围的人都是我们倾听的对象。大人要倾听孩子的声音,孩子也要倾听大人的声音;学生要倾听老师的声音,老师也要倾听学生的声音。只要我们专心倾听,就能够感觉到对方接纳了我们。

跟对方交谈时,无论是大人还是孩子,我们都要专注地看着对方,耐心地听他说话。虽然我们工作一天十分劳累,但当孩子向我们诉说时,我们要鼓励他说,尽量让孩子通过语言,把自己所有积极的、消极

的情绪都表达出来。今天的孩子太缺少倾听者了！

人人都有喜怒哀乐，人人都希望与他人分享喜悦和悲哀，人人都渴望得到共鸣和理解，孩子自然也不例外。对孩子来说，与他们共享快乐或分担愤怒、恐惧、压抑、悲伤、哀愁等情感的最佳人选，无疑是他们的父母。

我们的耳朵要有"承受力"，不能只爱听"好话"，不爱听"坏话"。听到孩子带回"好消息"，便喜滋滋地摸摸孩子的头表示赞赏；可是听到"坏消息"，就嗤之以鼻，甚至劈头盖脸地训斥，即使很想对孩子的处境表示理解，也往往不知如何表达。

倾听需要修养。人长了一张嘴巴，耳朵却有两只，就是要少说多听。平日跟朋友交谈，虽然我们有一肚子的新鲜事，但还是要把更多的时间留给朋友，自己甘当"听众"，鼓励别人谈自己，让每个朋友都感受到有人倾听的快乐。假如朋友把"秘密"告诉我们，我们保证绝不乱说，因为这是倾听者应有的"道德"。

三、我们要学会倾听，倾听自己的回声

我们每天都生活在自己的回声中，只要竖起耳朵就能听到。

一个男孩跟妈妈闹别扭，独自跑到大山里喊："我恨你！"大山里也传来一个男孩的声音："我恨你！"男孩害怕了，回家告诉妈妈，山里有个坏孩子说恨我。妈妈陪他又来到山里，让他冲着大山喊："我爱你！我爱你！"果然，大山回应着："我爱你！我爱你！"

这声音就是回声。回声是我们自己发出声音的重复。我们要常常倾听自己的回声，检讨自己哪些话说得对，说得文明，哪些话说得不对，说得不文明。我们不要当着孩子说不应说的话，更不要在背后说别人的坏话。记住，孩子就是父母的回声。

学会了倾听，对方就会打开心扉，世界就会在我们面前打开新的窗口。

财富之四——会说话的嘴巴

在现代社会,一个人要成功必须学会说话

说话是一门学问。

在现代社会里,一个人要成功必须学会说话。会说话是与别人沟通的一种重要能力。想让孩子成为会说话的现代人,要注意些什么呢?我来说说我的体会。

一、敢说话才能会说话

当一名"知心姐姐",经常要面对众人讲话。尤其是1986年孩子们强烈要求"知心姐姐"从报上走下来,我便创办了"知心姐姐咨询活动",参与创办了"知心电话",经常要登上讲台,面对孩子、家长和教育工作者,谈我对人生、对教育的看法,向成人倾诉孩子的心声,向孩子转达成人的期望。

我最先要克服的是当众说话的恐惧心理。记得我第一次上台讲话,看到台下黑压压的人紧张极了,浑身打战,手脚冰凉,脑子里一片空白,把背好的词全忘了……最后,只好拿出稿子来念。

后来,我拜访了著名的"故事大王"孙敬修老师。孙老师向我传授了当众说话的几点"秘诀":

一是讲话要吸引人。如果上场时会场乱哄哄的,你不必大喊大叫:"大家安静……"这样,即使暂时安静了,你的讲话不吸引人,场上还会乱起来。面对第一排关注你的孩子,你先小声讲一个故事。一会儿,孩子们笑起来,后面孩子就会急了:"孙爷爷说什么了,我没听见……"带着遗憾,他们的注意力会全集中到台上,生怕再落下什么有趣的事。这样,场上自然会安静下来,你便可以言归正传了。

二是眼睛不必去看那些不听讲的、交头接耳的、睡大觉的,你如果注意看他们,就会影响自己的情绪。你只要选定一两个表情丰富、能与你互动的人,即你笑他也笑,你难过他也会掉泪,你激动他会鼓掌的人……面对这样的人,你会始终情绪饱满。

三是如果你实在是一见人就紧张,那不如把台下的人头看成是萝卜、青菜、土豆,视而不见,完全进入自己的状态,全神贯注地去讲,也能够引人入胜。

孙老师的一番话,让我茅塞顿开。跟孩子说话实在是一门大学问,难怪一代又一代的朋友都爱听他讲故事!

我开始一边实践,一边摸索。经过十几年的努力,我终于找到了克服恐惧的三个方法:

(一)深呼吸法。上台前先做 30 秒的深呼吸,这样可以提神,也可以起到为自己"打气"的作用。

(二)自我暗示法。往台上走,心中反复告诉自己:"我很棒,讲话算什么,我能行!"

(三)主动交流法。主动与台下听众交流,语气恢复到正常说话的状态,不拿腔拿调,不时用提问法请听众参与。这样,心情就会放松,也会引起台下共鸣。

现在上台讲话,无论有多少人听我都从容不迫了。

二、练说话就能说好话

俗话说:"台上三分钟,台下十年功。"说话的能力,通过勤学苦练是可以提高的。有一个孩子,小时候说话结巴,老师、同学都笑他,可他却立志要成为最有魅力的演说家。他喜欢看书,也喜欢到法庭听别人辩论。平时,他看到树林就对树林说话,看到小狗便对小狗说话,随时随地在学习演讲,后来,他的理想真的实现了。

有些小孩说话结巴,很让父母焦急。其实,说话结巴的人往往聪明、思维能力强,由于"心理语速"比"口齿语速"快,才出现语言表达不连贯的现象。越是急于表达,就越害怕表达,于是便结巴起来。

我儿子小时候说话也有点结巴。我提醒他:"慢慢说,别结巴……"结果,他结巴得更厉害了。后来,我意识到:你提醒他"别结巴",实际上是在提醒他"你结巴",反而加重了他的心理负担。我索性不去理会他这个毛病了,他说什么我都耐心听,慢慢地,他结巴的毛病好多了。

六岁时,儿子从幼儿园毕业了。我参加了他的毕业典礼。

小朋友们一个接一个上台表演节目。

我担心地想:我儿子能演什么呢?他说话结巴……

出乎意料——儿子大大方方地跟一个小男孩表演了相声!他俩幽默的语言逗得大家哈哈大笑。我惊奇地发现,五分钟的相声,儿子说得十分流畅,没有一处结巴!

"儿子,你真棒!"我在心里大声喊着,两行热泪不知不觉流淌下来。我明白了,儿子的心理障碍解除了——现在在他看来,上台说话是一件很平常的事情,没有什么了不起的。

儿子上小学后,通过竞选当上了学校电视台的副台长,主持"开心一刻"节目。在中学和大学里,他仍然是学校的活跃分子,自编、自导、自演的小品,还在大学生自创大赛中荣获最佳表演奖。

真是"有心栽花花不发,无心插柳柳成荫"啊!我怎么也想不到,一个曾经在语言上有障碍的孩子,竟然在语言上也有这样的造诣。

三、准备好才能讲得好

要想讲得好,就要做到准备好了再上台。没有准备就站在听众面前,与不穿好衣服就出来一样使人难堪。我的体会是,要想讲得好,只用大纲,不用讲稿。照着讲稿讲话,对听众来说是一件很枯燥的事情,听众会因为缺少交流而失去听的兴趣。每次讲话前,我都要先准备好一个大纲,在每个问题下面写上要讲内容的题目。这样讲话有顺序,体系完整,不至于东拉西扯。我还要准备一个精彩的开头,以引人入胜,但绝不说没用的套话。最重要的是,我以充沛的精力和热忱的心去面对听众——我相信,只有自己感动,才会感动别人。

每次上台讲话前,我都针对不同的对象做不同的准备。准备不是写稿,而是构思。这是一个挺艰苦的过程,真有点"受煎熬"的感觉。有时,我坐在桌前,关上灯,掩卷沉思——黑暗中,面前出现的是无数孩子、家长和老师企盼的目光……这促使我打开心灵情感的闸门,一句句充满激情的语言从心里涌出。当"文思如泉涌"时,我立刻打开台灯,演讲提纲挥笔而就。我的许多获得好评的讲话和文章就是这样诞生的。也有实在憋得难受的时候,那我就走到室外去,仰望美丽、静谧的夜空,展开想象的翅膀,对月亮说,对星星说……心旷神怡时,奇妙的构思会突然冒出来。我马上回屋写下来,第二天清晨再用心想一遍。经过这样的思索过程,思想会出现一个飞跃,"心路"变得十分清晰,不用稿子,讲上几小时,也可以做到文思不乱,既有一定的逻辑性,又能够保持足够的激情。

讲话,虽然出自口齿,但实际上是在用"心"。

教孩子讲话,不是让他重复大人的语言,也不是让他讲套话,而是鼓励他讲出自己心里的话。

作为父母,要教会孩子说话。会说话,是他们迎接新世纪挑战的一项能力,也是帮助他们早日成功的一项素质。

第九章
帮孩子开发什么——六大财富

 财富之五——会操作的双手

世界上许多奇思妙想都是通过手变成现实的

手,是伟大的。

世界上有许多奇思妙想,都是通过手变成现实的。劳动的手创造了世界,也造就了人类自己。

一、手,要从小锻炼它,它才会劳动

小时候,听妈妈讲过这样一个故事:一个懒汉,什么活都懒得做也不会做。一天,他的媳妇要出远门,怕他饿着,就给他烙了一张特别大的饼,套在他的脖子上。过了几天,媳妇回到家,懒汉已经饿死了。原来,他吃光了前边的饼,却懒得用手转动套在脖子上的饼。我当时就想,我可不能做这样的懒汉。于是,我从小就帮着妈妈做事:生火、做饭、包饺子、洗衣服、买菜……许多活像玩一样就学会了。后来,十几岁离开北京到农村插队,我们集体户的女同学都会做家务,"小日子"过得还挺红火,很让邻村的知青羡慕呢。

现在,人们的物质生活越来越好,许多孩子应该做也能做的事父母都给包办代替了,孩子很少参加劳动,结果,孩子手的功能退化了。

一次,我带孩子们去一个自然保护区参加夏令营活动。第一天早餐时,一个女孩拿着一个煮鸡蛋发愣。

我问:"你怎么不吃啊?不喜欢吗?"

她告诉我说,这个鸡蛋跟家里吃的不一样。

"怎么不一样呢?"我奇怪。

"我家的鸡蛋是白白的,软软的,这个鸡蛋太硬,是红的。"女孩为

难地说。

我忍不住笑了，一了解才知道，这个女孩从小就没有见过熟鸡蛋的剥壳过程，每次吃鸡蛋都是妈妈或者姥姥剥好了端上来。

一名长期为学生搞军训的军官告诉我，他问过一个小学生："你知道鸡蛋是哪里来的吗？"小学生想也没想就回答："妈妈从冰箱里拿出来的呗！"

城市孩子们手的功能就这样在父母的溺爱中退化了。农村的孩子又怎么样呢？他们自由的天空也面临着越来越多的威胁。福建省平潭市小学生刘华钦给"知心姐姐"来信"告"了家长一"状"。信中这样写道：

> 我是独生子，爸爸妈妈很少放我出去玩，怕我出事。同学们都在背后叫我"笼鸟""岸头鸭"。我不知道有多烦恼。如果我是一个超人，飞出这11平方米的小屋去自由玩耍，那该多好啊！
>
> 有一次我偷偷溜出去，准备和小伙伴游泳。妈妈发现了，拿了一个崭新的救生圈满头大汗地赶来，小心翼翼地套在我身上。我想，这下总该放心了吧？正要下水，妈妈一把把我拉住，从口袋里掏出两根绳子，一根系在救生圈上，一根系在我腰上，她把两根绳头牢牢地抓在手里，才放我下水。水中的小伙伴哄堂大笑，叫着："阿姨，您干脆叫'岸头鸭'去浴池游吧！"说完，他们钻进水里，自由自在地向远方游去。
>
> 我再也憋不住了，赌气说："我不游了。"
>
> "不游好。"妈妈反而高兴，"回家给你买冷饮吃。"
>
> 我不作声。
>
> "吃西瓜怎么样？"
>
> 天哪，我哪里吃得下啊！
>
> 妈妈，您哪里知道此时此刻我有多苦恼，我多么希望得到自由。撒手吧，妈妈，我能行！我不希望别人叫我"笼鸟""岸头鸭"。

要让孩子学会动手，父母就要放开手。

二、手，要经常使用它，它才能变得灵巧

人们常说"心灵手巧"，脑越用越灵，手越用越巧。边晓春是一个性格内向的女孩，平时不爱劳动，也很少有创新思维，她想改变自己，于是寒假里向妈妈学刻水仙花。她边刻边研究水仙花的组织结构，发现不懂的问题就独自去图书馆查资料。后来，她写了一篇小论文，还在北京市获了奖。为此，她得到了去韩国参加第一届亚太青少年科学节的机会。她的爸爸说："真没有想到，仅仅是刻水仙花这一件小事，就促使女儿开始了科学探索。"

三、手，要珍惜它，它才能创造奇迹

重庆市有一个严重残疾的女清洁工高中兰，两岁时家里发生火灾，她失去了健全的双手，左手只有四根变形的手指，右手臂高位截肢。然而，她用残手断臂创造了奇迹——每天劳动，最终搬走了一座5000吨的垃圾山。

孩子的手也很了不起，"中国少年儿童手拉手地球村"的小村民，在两年的时间里，用一双双小手回收废品中有用的东西，一点一滴地攒起89万元，为江西、甘肃、山西等贫困地区小伙伴建起了四所"手拉手环保小学"和上百个"手拉手书屋"。在20世纪末，"中国少年儿童手拉手地球村"荣获了世界环保大奖——福特汽车环保奖最高奖项"长城奖"。

如果孩子们的手都能创造奇迹，这个世界该有多美好啊！

进入新的世纪，手，还要学会操作电脑。由于有了互联网，世界变成了一个巨大的村落，只要轻轻按动鼠标，坐在家里便可以遨游天下，了解各种信息，学习各种知识，享受高科技带给我们的便利服务。

这一代孩子被称为"网上的一代",一点也不过分。

1999年"六一"儿童节,首都的人民大会堂里举行了"小伙伴手拉手共话祖国50年"交流活动。当胡锦涛、李岚清等党和国家领导人步入会议大厅时,上海的小记者迅速用数码相机拍下一幅幅珍贵的照片,并当场制作了一张小报。领导同志离开时,小记者把小报送到胡锦涛同志手中,在场的领导同志都惊叹不已。

一年后的"六一",第四届全国少代会在北京召开。会议期间,我们又举办了"中国少年世纪论坛"。一名来自山东省的13岁女孩引起许多人的注意——她叫林㹜,是一位小电脑专家。她最初接触电脑是从玩游戏开始的,随着"技艺"不断提高,她学习起有关电脑的其他知识,进步非常快。她告诉我们说:"动手玩电脑可以培养自制、自理能力,如今我正在学习基础的电脑编程,将来还要学更多的东西。"

如今,小"电脑迷"不计其数。他们的小手操作起来速度之快,有时候真让人眼花缭乱:他们给你在屏幕上展示出一个漂亮的画面,你还没弄明白是怎么回事,他们的小手噼里啪啦一阵儿鼓捣,另一个漂亮的画面又出现了……你想要找资料吗?别着急,他们又是噼里啪啦一阵儿——你要的东西全出来了!嘿!你瞧——多棒!

我们的孩子将生活在信息化时代,如果他们这方面的素质跟不上时代发展,我们整个国家就很难在未来成为社会主义现代化强国。

计算机知识,你的孩子具备了吗?你帮助他们做好迎接信息时代挑战的准备了吗?

财富之六——会走路的双脚

别忘了脚的功劳,它会帮助我们走好人生路

脚,是神奇的。

每天早晨,我们一起床,就会把它塞进鞋子里,站起来,又将全身的重量加给它。这一双脚带着我们去学习、去打球……被鞋子捂出臭味来的是它,累得又酸又痛的还是它。

现在,交通发达了,出门可以乘汽车、火车、飞机、轮船,也可以骑自行车,走路的机会越来越少了。我真担心,哪一天脚的功能退化到不会走路了,那人不是白白长了两只脚?

我们既然有两只脚,就要锻炼它,不停地给它刺激,让脚的功能得到最大的发挥。

我们有的父母舍不得让孩子走路,孩子也懒得走,出门就乘车,结果走不了远路。很多学校组织学生远足,一些孩子走不了多远就头晕恶心,更谈不上坚持走完全程了。

一次我去无锡市出差,听说了这样一件事:一个学校举办远足活动,起先同学们都十分兴奋,个个生龙活虎、谈笑风生,但随着时间的推移,同学们再也忍受不了炽热的阳光,直埋怨路怎么那么长。于是同学们一个个干脆席地而坐,老师一个劲地加油也无济于事。一直跟在后边的父母们看了,立刻发动自己的摩托车,纷纷把"心肝宝贝"带走了。一次远足活动就消失在"突突"声和烟尘中。我真是感慨万分!孩子们连这点路都走不下去,那么人生的路又怎么走到底?

人生的路很长很长,要靠孩子自己去走。一路上,不仅有灿烂的阳光,也会有风风雨雨;有平坦笔直的大道,还会有崎岖不平的小路。作为父母,我们要教会孩子走路,最重要的是告诉他们,遇到困难的时候，要勇敢积极去面对，坚定不移地走下去，成功正在前面招手。

桑兰是一名出色的运动员，17岁时，到美国参加大赛不幸摔伤，造成颈椎断裂、错位，脊椎神经全面损伤，胸部以下完全失去知觉，原来灵活的双脚再也不能走路，从此，将在轮椅上度过一生。

但是，桑兰十分坚强，在公众面前，没有掉过一滴泪，她说："哭不是我的性格。人生何尝不是一场比赛呢？每当面临困难，我就假设决赛开始了，只能前进，不能后退。战胜了自己，就等于获得了比赛的冠军。"

2000年9月6日，桑兰随中国残疾人艺术团去美国演出。桑兰异常兴奋，说："我在美国跌倒，我将在美国站起来！"她每天勤奋学英语，终于能够熟练地用英语与人会话。

在美国的舞台上，桑兰用英语朗诵她写的诗《我的梦》。诗中说：

> 三年前的纽约
> 我跳马比赛时摔了下来
> 亮如白昼的大厅
> 刹那间一片漆黑
> 我的梦，破碎了
> 无数的奖牌
> 雪花般地从天而降
> 却唯独没有落到我的脖颈上
> ——我觉得好冷好冷
>
> 我看见一只受伤的小鸟
> 摔了下来
> 它挣扎着，挣扎着
> 又飞向天空
> 越飞越远
> ——它好美呀

第九章
帮孩子开发什么——六大财富

蒙眬中，一张张陌生的
熟悉的面孔
一双双关切着我的黑眼睛，蓝眼睛
扶持着我
桑兰，你站起来

今天，我回来了
我要告诉所有的亲人
我已经站起来了

桑兰两只脚不能站立，不能走路，但是她真正站起来了，因为在与命运的抗争中，她没有倒下，她非常坚强！即使没有了健全的双脚，也能走好人生之路。

亲爱的父母，你企盼孩子一生快乐幸福吗？就把坚强教给孩子吧！你希望孩子走好人生之路吗？那就告诉他，学会在困难中微笑。孩子，迈开双脚上路吧！爸爸妈妈相信你——新世纪，你能行！

第十章

家庭教育要避免什么——四个误区

在家教中，我们应注意在家庭中不能包办代替，减少孩子的依赖性。当孩子断然做出某个决定或承诺时，告诉他，要对自己的做法及可能产生的后果负责。这样可以避免事后不必要的埋怨和牢骚。卡尔威特有个教育细节：如果在星期天孩子执意要9点以后起床，那么在午饭前不能给他吃任何东西。因为吃早点的时间已经过了，如果想吃早点，就必须在8点钟以前起床。

我们应该向孩子指出，哪些事情不可以做。家长要弄清孩子为什么不同意某个行为准则，然后耐心疏导，以理服人。如有必要，可以坐下来与孩子一起讨论这些准则。

当您的孩子抱怨您处理某件事情不当或有误时，您应该放下架子认真反思和敢于对孩子说声"对不起"，这不但不会失去尊严，反而会增加您同孩子的感情。

家长要注意在生活中尊重孩子，不羞辱孩子，不求全责备，多鼓励孩子。

家长还应注意不偷听孩子电话，不拆孩子的信，不偷看孩子的日记，允许孩子有自己的隐私。

不少教育专家指出，家庭教育是孩子最早接触的教育，会影响人的一生，但是很多家长却把家当成了教室的延伸，把孩子当成了实验室中的学习机器，"家庭教育的误区正在伤害着我们的孩子"！

第十章
家庭教育要避免什么——四个误区

 **误区一：只抓学习**

父母们每天都说一句相似的话：要好好学习

一名小学老师向记者讲述了这样一件事：小陆在班里学习中等，是一个不太起眼的学生，最近老师发现她有小偷小摸的习惯。为了更好地教育小陆，老师请来了她的父母。当这对父母听说小陆偷东西时，没有太大的反应；而当老师提到小陆的学习成绩这段时间有所下降时，父母一下子急了，说："小偷小摸的毛病等孩子长大了自然就会改正，但是学习不好可是影响一辈子的大事！"

"我们有一个惊人的发现，"孙云晓曾幽默地说，"虽然全国的父母从来没有在一起开过会，但是全国的父母每天却说着非常相似的话：要好好学习，只要学习好，其他的什么都不用管。"

孩子教育已经成为现代家庭生活中的首要任务。据报道，2003年北京市人均教育支出达到了上千元，比1997年增长了1.9倍，平均每年递增19.6%。

但是父母的教育似乎只局限在对孩子学习成绩的追求上。孙云晓介绍，很多父母甚至为了保证孩子成绩好而放弃了孩子的身体健康。一项刚刚完成的全国城市青少年儿童生活习惯调查显示，35.5%的父母认为"孩子的学习是最重要的，有时间才可以做运动"，还有11.3%的父母认为"为了学习，孩子少睡点没关系"。

"父母的高期望，给孩子带来的往往是无望。"我碰到了不少这样的家庭悲剧。

很多母亲打电话诉说孩子学习下降了、不愿努力了，或是逃学、迟到了，原来在小学时多么优秀，现在不听话了，等等。

最后往往说："我连死的心都有了，孩子是我的全部，我的一切都

是为了他……"

这个"全部""一切"就是问题所在。父母除了孩子以外还有事业、生活、社会责任等，正是由于他们把孩子当作生活的全部，才会执着一念，这太绝对了，人生变成了只有一条道，很容易把自己逼上绝路。

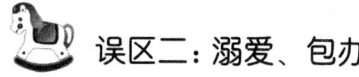 **误区二：溺爱、包办**

家长过度保护，会使孩子变得无能

小培老师现在在北京中关村附近一所学校当班主任，她觉得现在带班越来越难了。

一次，小培看到教室地上有一支铅笔，就捡起来问是哪位同学的，结果没有一个同学认领。

"孩子们并不是不想要这支铅笔，而是他们确实不知道那是不是自己的。"小培老师说，"现在几乎所有的学生每天都是由父母帮助收拾书包，因此，很多孩子根本不清楚自己都有什么'装备'。现在家长们为了让孩子能腾出更多的时间和精力学习，事事包办。"

家长的这种关照不仅使孩子在生活上变得无能，而且也使他们的思想变得无能。

郭颖小学毕业后就被送到美国，刚到美国时她发现，中国孩子和美国孩子最大的不同就是，美国的孩子很有主见而中国的孩子事事都要与老师、同学商量。"这与我们从小接受的教育有很大关系。"郭颖举了一个例子。在美国一个孩子生病了，家长带他上医院前，先要征求他的意见：有两种治病的办法让孩子选择，中医——不打针，但慢；西医——打针，但快。"其实，美国家长的做法不仅是尊重孩子的选择，更重要的是让孩子自己学会做决定，同时承担所做决定的后果，比如打针的'疼'和不打针的'慢'。"在这样的过程中，美国的孩子变得越来越有主见，他们在做决定的同时也清楚地知道这个决定带来的后果将是什么。但是中国的家长常常事事都为孩子想到了，孩子慢慢地丧失了独立思考判断的能力，即使做了判断也很难为结果负责。

北京某高校做后勤工作的方老师告诉记者，那些被罩都要等着家长来换的学生，在学校里通常得不到别人的尊重，他们无法在一个集体中体现出自己的价值，"这样的孩子即使大学毕业了，也只能是'庸才'"。

家长的溺爱使孩子变得冷漠、无情。

天下的父母都是爱孩子的，但是未必知道怎么去爱孩子。

去年年底一个刮大风的日子，在轻轨站，一个10岁左右的男孩在记者身边转悠。记者和他搭话，他告诉记者，他每天在这里等妈妈一起回城北的家。

大约十几分钟后，这个男孩的妈妈来了，手里拿着一盒外卖鸡肉饭，男孩拿起就吃，快吃完的时候他似乎想起了什么，把饭盒向妈妈面前让了让。妈妈却说："瞎让什么，我要吃还不会自己买？"儿子吃完饭就向站台跑去，临跑前没有忘记把自己的书包扔给已经背了两个包的妈妈。

李玫瑾曾经说过，父母对孩子过分的爱，不仅不能让孩子学会爱，反而会使孩子觉得自己就是家庭的中心，进而变得自私，甚至冷酷、残暴。

孙云晓说："教育的核心是心育。"对于家庭来说，对孩子的"心"进行教育就显得更为重要了。

误区三：不约束、不责罚

没有批评的教育，是不负责任的教育

"鼓励孩子是对的，批评孩子同样也是对的。"孙云晓对记者说。

有专家指出，中国的传统教育是不善于表扬和鼓励孩子的，这使很多孩子缺乏自信。于是，有不少教育专家呼吁，要告诉孩子你真棒！

但是，现在又出现了另一种极端：孩子说不得了。

小培老师介绍了这样一件事：一名女生没有完成作业，她的班主任简单地批评了几句，没想到中午这名女生就从学校"出走"了，下午班主任和学校领导陪着家长四处找她。

"现在的孩子，尤其是城市里的孩子在家里很少挨批评，只要有一点不顺心就受不了，他们太脆弱了。"小培老师说。

据了解，很多家长不仅自己在家里很少批评孩子，孩子在学校里受到批评也不答应。小培老师介绍，家长们经常因为孩子在学校里挨了批评找到学校，而且这些家长根本不问孩子到底有什么问题，只是和老师理论为什么欺负孩子。越是这样，孩子们越是听不得批评。

其实这样并不利于孩子的成长，老师们不再敢"尽心尽力"地教育孩子了。

家长要学会向孩子说"不"。孙云晓指出，没有挫折的教育是不完整的教育，孩子没有经历挫折"会变得脆弱异常"。因此，要让孩子在生活中有禁区，他们犯了错误要受到惩罚，要让孩子懂得有些规则是无法动摇的，有些过失是要自己承担后果的。

没有哪个父母不爱自己的孩子，没有哪个父母不希望自己的孩子成才，但是很多家长在望子成龙的同时又恨铁不成钢。其实，孩子身上存在的问题很多是父母的不当教育造成的。孩子是父母的一面镜子，问题出在孩子身上，但"病根"很可能就出在父母身上。

写给世纪父母

 误区四：棍棒底下出孝子
爱护你的孩子，爱要表现出来

　　有一天，我在编辑部接到了一个小女孩写给"知心姐姐"的信。小女孩说，我这次考试考了 65 分，我爸爸用皮鞭抽了我，一边抽一边喊"不打不成材"。我心里就想，我成心不好好给你考、我成心气死你，结果我这次考了 43 分。小女孩说，我爸爸说"不打不成材"的观点对吗？怎么打完了，比原来的分还低了？"知心姐姐"请您告诉我，"不打不成材"这话对不对？爸爸打我到底对不对？我当时拿着这封信，我就想一个小女孩，爸爸用皮鞭抽她，在她心中埋下了仇恨，这不是一件小事。所以我就认真给这个小女孩写了一封信。我说好成绩不是打出来的，爸爸打你是不对的，因为打不能有助于你的学习。但是学习是自己的事情，不要让爸爸操心，要自己把学习搞好。你已经上五年级了，你完全有能力把握自己，我希望你成为一个学习自觉的孩子，别让爸爸为你着急。我说下次呢，考试的时候别想爸爸对你的态度，把自己学到的东西充分地发挥出来就可以了。当我写完这封信，我还给她寄了一个本子、一本小书。

　　后来，我就想这个事责任还不在她，在她父亲，于是我给她父亲写了一封信。我说好孩子不是打出来的，你这样去打孩子不利于解决孩子的学习问题，反而造成了她对学习和考试的恐慌。所以我认为，你应该好好反思一下你教育孩子的方法，你应该认真地跟孩子好好谈一谈，找出孩子学习不好的原因。给她爸爸的信也写好了，都寄走了。

　　可是后来我又想，这事还不能解决问题，我想孩子去跟父亲说这个事，可能解决不了太多的问题。因为她用的信封是陕西机械厂子弟小学的，我就给他们厂的党委书记写了一封信。我说党委不光要管好你们的

第十章
家庭教育要避免什么——四个误区

职工做好工作，还要关注你们职工教育孩子的问题，我希望你们党委加强这方面的教育。

三封信发出之后，我就等着回信，因为我已经把孩子《爸爸打我对吗》以读者来信的形式，登在了《中国少年报》上。我就等啊等啊，天天去找信。隔了二十来天，终于收到了这个女孩写给我的信。信上说，"知心姐姐"，自从《爸爸打我对吗》这封来信登在了《中国少年报》上，我就特别紧张，我怕我爸爸看见再打我。但是这次很奇怪，爸爸没打我，而是和我耐心地谈了话，我心里很高兴。我告诉您一个好消息，我这次考了85分，心里非常高兴！

我想把这封信登在我们的报纸上，但是又想，如果她爸爸来信就更好了。有人说你别等了，哪有一个爸爸拿皮带打女儿的，这人肯定是个大老粗。我心里就想，再等等看吧。又隔了那么五六天，我果然收到了她爸爸的来信。她爸爸不是大老粗，反而很有文化，是这个厂技术科的干部，字写得很好。爸爸在来信中说，自从他打女儿的事见报以后，他就变成了新闻人物，周围的人都来谴责他，领导也找他谈了话。他没有想到，感到非常震惊，一个父亲打孩子会受到这样的谴责。后来，我把两封信都登在了《中国少年报》上。

结果，没想到这样一件事还救了一个孩子。那个孩子在云南，一个少数民族的孩子。爸爸是个农民，没有文化。爸爸就相信老祖宗的一句话"不打不成材"，把孩子跪在那儿打、吊起来打。打得孩子甭说学习的兴趣了，活的意愿都没有了。有一天他们班主任老师在《中国少年报》上看到了这两封信，于是拿着这封信，到他们家读给他爸听。他爸听了，满脸都是泪水，说我真的错了，我老以为是"不打不成材"。他爸爸发誓以后不再打孩子了。孩子本来就挺聪明，后来在爸爸的鼓励和同学们的帮助下，成绩马上上来了。所以，我们的记者到他们学校去的时候，那个老师说，请你转告"知心姐姐"，是她救了我们这个孩子。

这个事情已经过去了好多年了，我现在依然记得。我们的国家发展速度是非常快的，我们进入了文明的时代、和谐的社会，还用这种粗暴的方法对待孩子，是非常不应该的。学习是孩子的任务，有时候好一点，有时候差一点，这都是很自然的事情，爸爸妈妈要平和对待。如果你在单位里做错了事，你们领导把你打一顿，我想你肯定会告他去了，说他侵犯了人权。孩子也是人，他们也有《中华人民共和国未成年人保护法》保护他们。今天的爸爸妈妈可能绝大多数都不会做这样的事。所以我希望爸爸们放下你的鞭子，爱护你的孩子。爱要表现出来，并不是说心里有爱就可以，这种做法实际上是害了孩子。

第十一章

孩子学习，家长帮什么——找兴趣

做家长的，都希望自己的孩子从小努力学习，长大成为有用的人，这是对的。问题是，有的家长把"努力学习"片面地理解为死读书，让孩子整天做题、补习、考试……

对中小学生的家长来说，培养孩子要弄清一个问题：什么是有用的人？我们说，真正有用的人，是那些有理想、有道德、有知识、有体力的人，是懂得终身学习的人。只有这样，他们才能适应21世纪飞速发展的变化。

联合国教科文组织在《学会生存》中指出："未来的文盲不是不识字的人，而是不会学习的人。"这就说明，教会孩子学习，教会孩子终身学习是一个被全人类关注的问题。21世纪是知识经济时代，这个时代需要的是有创造力、勤于开拓的人。不会学习，就掌握不了新的知识，也就不会有创造的能力。孩子只有从小学会独立学习，养成热爱学习的好习惯，长大了才能够独立地生存在这个世界上。

学习能力比分数更重要。遗憾的是，我们的大多数家长并不明白这个道理，只把孩子当作挣"分"的机器，平时对孩子的评价或与孩子沟通时只围绕一个话题：考了多少分。这样，给孩子形成了巨大的压力，有的孩子甚至已经出现了考前综合征，有的产生了厌学情绪，有的因为学习成绩差而形成了严重的消极自卑心理。

变"要我学"为"我要学"
学习是有方法的，学习是艰苦的，学习是有乐趣的

如果真对学习提不起劲，请不要忙着去找医生，而是要去寻找兴趣。改变你的未来，就必须先改变你的内存。

《知心姐姐》杂志曾做过一次有关中小学生苦恼的调查，共收回问卷5782份。结果发现，在造成中小学生苦恼的六大因素中，学习和考试占了72.26%。

河南的一家心理咨询机构对三所小学和三所初中的近万名学生进行了一次心理测试，结果竟然发现，有50%的初中生和近70%的小学生对学习没有兴趣，甚至"厌恶学习"。

记得有一次，《北京青年报》记者刘净植来出版社采访，我正忙得不可开交，两部电话一刻不停地响着。我对她说："你看，这些电话……社会需求实在太大了！'知心姐姐'正处在火山口上啊！"

话音刚落，一位母亲的电话打了进来，她边哭边诉说："'知心姐姐'，快救救我的女儿吧！她才18岁啊，她割腕自杀！大夫刚刚把她抢救过来，我简直要崩溃了！"这位母亲接着断断续续地告诉我说，她是个单身母亲，所以女儿的精神状态一直就不是很好；终于有一天，女儿突然提出，不想上学了！今天早上，目送女儿去上学的时候，母亲就有一种不好的预感，等赶到学校后，女儿已经出事了！

北青报记者目睹了这一切，受到震撼，回去就写了一整版报道，醒目的大标题就是《火山口上的"知心姐姐"》。她在前言中这样写道：

小时候，谁不知道《中国少年报》有个专门给小读者解决烦恼的"知心姐姐"？随着童年时代越来越远，那份伴随我们成长的报纸的形式和内容，在记忆中已经模糊不清，唯独那个梳着小辫、可亲的"知心姐姐"形象始终难忘。

现在，愿听孩子说话、愿对家长讲话的"知心姐姐"，已经成为孩子和家长的沟通桥梁，成为不少处于痛苦和烦恼中的家长和孩子的"救命稻草"。今天的"知心姐姐"所承载的社会责任，已经远远超过了我童年经验的想象。她是一个我不曾触碰的心灵按钮，她维系的是一个牵动人心的世界。

的确，现在家庭中反映的种种矛盾，焦点大都呈现在学习上。

据我了解，有些不愿意上学的同学，喜欢把自己关在家里，到了学校就犯困，总想打瞌睡；少数同学还伴有神经性反应，一迈进学校大门，就会出现拉肚子、低烧、头晕、胸闷等症状。可是，只要听说可以不上学，或者能够离开学校，就会马上"健康"起来。医生把这种奇怪的现象称作"厌学综合征"。另外，还有一些同学成天迷恋网络和游戏，希望依靠这些来缓解学习的压力，这实际上也是厌学综合征的一种表现。你还真别小看了这种"现代疾病"，要知道，厌学不仅会发生在学习跟不上的孩子身上，有许多学习不错的孩子也会厌学呢。

我讲一个真实的故事。

一次，一名痛苦万分的妈妈专程从洛阳跑来找我，坐在办公室里泣不成声。

儿子13岁那年，因体育特长和优异的成绩考入了北京的一所重点中学。因为他天性活泼，聪明机灵，人缘也好，很快就当上了班长。但是，上初三的时候，因为违反校规，被学校劝退，只好转到另外一所普通学校。

这一次的挫折，使孩子心灰意冷，竟选择了自我放弃。他一度不上学，整天睡觉、上网、交网友，甚至还向家长要

了三万元钱,坐飞机去外地会见网友!他还以上学读书为条件,逼着父母给他买汽车,可买回来又嫌款式落伍,点着名要父母为他换车!父母一次次赶来北京看望他,可他竟拒绝与他们见面……

母亲伤透了心,无奈之下,跑来求助"知心姐姐"。

听完她的哭诉,我提出见见她的儿子。

约好见面的那天,我还特意请来了甘肃贫困山区的一对母女。女儿凭着自信和刻苦,考上了北京的一所大学,可是家里穷,没钱供她读书;她的母亲就跟到北京来,托我帮着找份工作,千方百计要供女儿读完大学!

双方一起在会议室里坐了下来,一边是"要我学",一边是"我要学"。女孩的好学精神感动了在座的每个人,当场我就和男孩的母亲决定一起资助女孩完成学业。一番真情沟通之后,那个男孩似乎也受到触动。

通过这次会面,我对这个叫李明的帅小伙有了进一步的了解,更对他的体育特长赞叹不已。我拍着他的肩膀,肯定地说:"你一定能行!"

这之后,我把一个比他大几岁的优秀男孩介绍给他,让他们成了朋友。

这个男孩叫王海翔,毕业于清华大学,现在担任某市投资银行行长。别看他才20来岁,却已经是我的老朋友了(我曾在《告诉孩子你真棒!》一书中介绍过他)。这次,我把李明托付给了他,我相信他一定能够影响李明。

果然,不久之后他俩成了无话不谈的好朋友。在和海翔的交往中,他们讨论得最多的是,怎样激发学习兴趣和掌握高效的学习方法。2004年,就在李明准备参加高考之前,海翔说:"我觉得看他参加高考,好像比当年我自己参加高考时还紧张哩。"李明走进考场之前,海翔还特意发去短信鼓励他:"我相信,你能行!"最后,李明以617分的高分考入了北京大学。

在学校里,李明的各科成绩都不错,并且高票当选为班长。在

2004年北京市大学生运动会上，他还取得了跳远比赛第二名。走下领奖台后，他信心十足地说："2008年，奥运会上再见！"

2005年春天，李明的妈妈又一次来到我的办公室。不同的是，痛苦变成了喜悦，母亲如今容光焕发。

一名厌学的中学生，成长为一名乐观好学的大学生，发生在李明身上的这种变化，更让我对海翔产生了浓浓的兴趣。想到那些现在还在"厌学"的学生们，我又一次拜访了海翔，向他"讨教"良方。

海翔毫无保留地介绍了三条经验：

第一：学习是有方法的。

想想我们学习的过程吧，无论什么学科，无论何种知识门类，都免不了遵循"理解→记忆→应用"这三个基本过程。如果你把这三件事情的顺序搞错了，那你的学习肯定会出麻烦。

有些同学认为："学习就是背诵，背得多了自然就会了。"我不同意这个观点。就拿最基本的英语单词来说吧，常常看到有的同学喜欢拿着单词表死记硬背，且不说这种方法单调又枯燥，它还有更严重的问题呢。你们想想看，绝大多数英语单词都是由表示各种意思的"零件"组合起来的，比如television这个单词，"tele"就表示"电"，"vis"经常用来表示跟"看"有关的意思，"ion"是名词的结尾，这样一来，信息全都凑齐了，你还记不住这个单词就是"电视"吗？可是，如果你没有对这个单词进行分解，仅仅是按着顺序去死记这10个英文字母的组合，那可就太辛苦了。此外，任何字词(特别是动词、形容词、副词和介词)的使用都离不开句子，所以把单词放进句子里记忆，既便于理解，又可以熟悉它的搭配方法，更适用于各种考试题型的需要。因此，我建议那些渴望提高词汇量的同学，平时要多阅读一些适合自己的文章。

其实，各门学科在各个知识单元上都有有效的学习重点和

方法。有心人应该钻研和摸索这些方法,这样才能在学习上占领"制高点"。所谓"行家一出手,就知有没有",指的就是套路和方法。

第二:学习是艰苦的。

为了让自己能有一个良好的学习环境,我当年考进了离家很远的一所重点中学。每天自行车换公交车,在往返学校的路上要花三个多小时。

为了解除疲劳的问题,我想出了一个好办法:回家以后先洗脸洗脚,然后上床睡觉;吃晚饭的时间正好用来恢复精神;吃完晚饭后,休息也充分了,精神也恢复了,我再开始学习。

为了让自己在晚上学习的时候不打盹儿,我还合理安排了学习顺序:学英语最累最单调,索性就把它放在前面;做数学题不容易犯困,干脆就往后放一放。还把自己感兴趣或容易一些的科目当成一种奖励,用它鼓励自己:只要坚持一下,把手头的活做完,就可以开心地进行自己喜欢的下一项了……

人们常说:"自助者天助!"学习上的"吃苦",是任何人都不能代替你完成的!

第三:学习是有乐趣的。

学习是一种"渐入佳境"的过程,当你真正钻进去的时候,就能感受到它的乐趣。

学习需要熟能生巧,关于这一点,我和很多学习好的朋友们探讨过。大家一致认为,做题就一定要做够数量。只有各种类型的题目都见识过,甚至比出题老师见过的题还多的时候,你才不会被题目迷惑。而且,各种类型的题目做多了,自然也就有了一种交朋友的感觉:遇到重复的题就好像见到老朋友似的,顺畅、自信地选中一个正确答案,轻松得有如和朋友点头致意,这也算是一种"默契"吧。当然喽,审题很重要,千万要仔细，可别被化装成老朋友的"骗子"蒙骗哦！

　　知识本身带给我们的乐趣就不用多说了，只是看到自己在20个选择题里的回答正确率不断提高，那种成就感就不言而喻了。其实，做题跟玩游戏有很多相似的地方，都是要求尽量得高分，获得足够的经验值，开心过关。所以，我经常会找来一本英语习题集，每10道题分为一组，开始自己的挑战练习。只要有一组题可以全部答对，我就奖励自己稍微休息一会儿，或去吃一个水果……如果你不要赖皮，选择的难度不是很低，那么，要想取得成功确实还不太容易呢！但是，一旦你取得了成功，就会感到特别兴奋，同时也会觉得，自己的这个小小的休息是多么"心安理得"。

　　十分有趣的是，我们和老师在学习上更像是一对好玩伴，经常互相搞一些"恶作剧"。记得我们的初中数学老师就最喜欢搞"突然袭击"，不发任何通知就开考！看着拿到试卷之前大家脸上紧张的神态，他总是抿着嘴不吭声，脸上却满是得意的笑！渐渐我们也摸到了规律，只要他在上课前，背靠在我们教室的门框上，双手背在身后，脸上带着"坏笑"时，那准是要考试了！而且，在他背后的双手中，一定正拿着为我们"精心准备"好的"礼物"。当然了，我们也不会"示弱"的，偶尔也要找一个大家都做不出来的难题送给老师"尝尝"。有一次，数学老师上课时居然主动认输说："实在抱歉，上次你们问我的那道几何题太困难了！我已经琢磨了两个礼拜，精神负担特别大，还老做噩梦呢。"可是，还没等我们得意够呢，他马上又神秘地宣布："但是，我在昨天的梦里意外梦到了一条辅助线！于是等到今早起来，我就把题做出来了。嘿嘿，当你们的老师真不容易啊！"

　　就是在这样的氛围里，我们和老师就好像是在一起做"智力游戏"，时刻体验着"智斗"的乐趣。如果你也想参加游戏，并感受"胜利"的快乐，那就需要加强修炼、暗下苦功，提高

自己的能力。

海翔的三条学习经验,让我明白了一个道理:"兴趣就是最好的老师!兴趣就是学习的动力。"凡事充满兴趣的人,可以在学习的瀚海中独自行舟却不觉辛苦,可以在探索的山路上奋力攀登却不知疲惫。

面对学习,厌学不如乐学。

如果真对学习提不起劲,请不要忙着去找医生,而是要去寻找兴趣。

因为到那时,你就不再是"要我学",而是"我要学"了。

第十一章
孩子学习，家长帮什么——找兴趣

 提高孩子学习的兴趣

作为父母，要善于发现孩子的兴趣

兴趣，是一个人走进成功大门的钥匙。

孩子能不能成功，关键是他的兴趣能不能早一些被发现，而且被大人注意到。考试的分数不能代表孩子所有方面的能力，兴趣是很重要的，它是事业成功的基础。

很多年轻的妈妈爸爸只重视分数，忽视了对孩子兴趣的启发和培养。国家教委提出将应试教育转化为素质教育，就是强调发现和发展学生的兴趣，把他们培养成具备多种能力的未来建设者。

一个小女孩，偶然发现蚯蚓断成两半后，两半都在蠕动，感到特别好奇。她把断了的蚯蚓分别搁进两个有土的花盆里，想观察一下断了的蚯蚓还能不能活。妈妈非常生气，说："一个女孩子，摆弄什么泥巴，没出息！"把有蚯蚓的两块泥巴扔出门去。柳斌同志提到这件事时说："你看，这么一骂、一扔，就给未来的中国断送了一位女科学家！"

第四届全国"十佳少先队员"车亮，是拥有许多专利的小发明家。起初，什么东西拿到手里他都想拆开来看看。他爸爸不责怪他，只是说："你怎么拆的，就怎么再装上。"车亮看爸爸严厉的样子，拆玩具的时候就特别小心，每拆下一个零件都按顺序摆好，拆完琢磨明白后，再一一装上。就这样拆了装，装了拆，才上小学，他已经获得了三项国家专利，成了个小发明家。

当然，作为父母，不能只欣赏孩子的兴趣，还要善于发现孩子的兴趣。不管你对孩子的兴趣持什么态度，你都要以极大的热情发现并支持，使其发展成为一种能力。

国际象棋大师谢军的成功，与她的母亲尊重孩子的选择有密不可分的联系。

那年,谢军面临着要么去棋队,要么继续上学的选择。她想上学更想去下棋,因为只有她自己知道,只要往棋盘前一坐,她就会无比畅快、兴奋。而妈妈,这个毕业于清华大学自控系的电子工程师,为独生女儿考虑更多的是她的学业和前途。作为一个有文化素养的妈妈,既不愿因家长干预断送一个确有天才的棋手,也不愿女儿为此耽误一生。

于是,母女间进行了一次很严肃的交谈,那时谢军才12岁。

"你很喜欢下棋,对吗?"小谢军看着妈妈,从没见妈妈这么严肃过,有点害怕,但依然点点头。

"那好,你要记住,下棋这条路是你自己选择的,既然你选择了下棋,今后,就要对自己负责任!"

试想,如果当年妈妈硬逼着谢军读书,压制她对国际象棋的爱好,那么,现在谢军也许会坐在大学的教室里,而我国就会少了一位出色的棋手。谢军的身后,有一个伟大的母亲!

培养孩子的勤奋努力

有毅力才会有行动,有行动才会有成功

生活上的贫困其实并不可怕,可怕的是心灵上的贫瘠。

"山不在高,有仙则名;水不在深,有龙则灵。"所以,"知心姐姐"也要说:"路不在远,有志则行!"

在贫困的农村,女孩子要想把上学的路走到底,那真是一件很不容易的事,更需要有一种持之以恒、不达目的绝不罢休的顽强精神。不管别人怎样瞧不起你,你绝不能失去勇气、毅力和尊严。

在我国的贫困农村,有志气、爱学习的孩子还有许多许多,湖北大别山区的戴满菊就是其中的一个。

我第一次见到满菊是在1990年夏天。那一次,我带领着来自京、津、沪、汉等地的12名《中国少年报》特邀小记者,组成了一支赴贫困地区小记者采访团,风尘仆仆来到了大别山区。

大别山是一块英雄的土地。几十年前,这里曾经旌旗遍地。无数热血男儿为了革命出生入死,无数老人、妇女,甚至是孩子也献出了宝贵生命。鲜血染红了大别山,浸润着每一寸土地,使它变得雄伟挺拔,苍青翠绿。

大别山又是一块贫穷的土地。岁月还未完全抚平战争的创伤,贫困便紧随而来。位于大别山南麓的湖北省罗田县,1986年年收入在200元以下的贫困户就有近7万户,占全县总人口的57.8%,被列为国家重点扶植的贫困县;1989年,仍有11万人尚未解决温饱问题……

许多品学兼优的孩子都因贫困失学了。戴满菊也不例外,她好难过啊!可是,她不得不退学!因为她要做饭、烧水、洗衣、喂猪、收拾屋子,还要帮着大人干农活。然而,她每天都会抽空跑到山冈上站一会儿。因为,那儿有一条通往学校的山路……

一天,满菊提着一筐猪草,正吃力地往家走,刚好碰上了前来找她的张老师。她一头扎进老师的怀里,"哇"的一声哭了:"老师,我好想你!我好想读书啊!"

张老师来到满菊家,主动提出要为满菊垫付学费。满菊也"扑通"一声跪在父母面前,哭着哀求说:"让我去读书吧!家里的活,我哪怕不睡觉也会干完的!"

满菊的父母流着眼泪点点头。

从此,满菊又回到学校读书了!每天,她天不亮就会起床,做早饭、喂猪,然后背起柴草筐上路了——学校离家有15里山路,每天上下学要走3个多小时。于是,她一边走,一边用心背着英语单词……

满菊的刻苦事迹感动了大家,她成为被"希望工程"救助的少年。那天,我带着来自天津的小记者高勇和北京来的小记者杨浩,去采访了戴满菊。

满菊,一个瘦小的湖北女孩,个子也就和城里三年级的孩子差不多。只见她穿着一件洗得有些发白的花布旧衣,干净而合体。面对我们的到来,小姑娘清秀的脸上显得有些紧张,两只小手捏来捏去,好像不知道应该放在哪里才合适。

扭头再看那两名小记者,虽说都是从大城市来的,可单独采访还是头回上阵,似乎也有点胆怯。

我坐在一旁有意不吭声,静静地等着孩子们的采访开始……

"你……叫什么名字?"男孩头也不敢抬,半天挤出一句话。

"戴满菊。"女孩轻声地回答。

"上几年级了?"

"五年级。"

"你家里有几口人啊?你爸爸是干什么的?"男孩始终低着头,索性照着小本子上事先准备好的问题,一条接一条追问下去。

"快打住吧,你们也太严肃了!我们又不是在查户口。别那么紧张,随便聊嘛!"我实在憋不住,笑了起来。

三个小家伙互相看了看，好嘛！每个人鼻子上都冒出了汗珠，也都忍不住笑了。

"你用过几个书包？"杨浩随口问了一句。

"一个。"

"什么？五年就用了一个！"两个男孩简直不敢相信自己的耳朵。

"那也忒结实了吧！书包……你在哪儿买的？"杨浩好奇地问。

"不是买的，是我姑用两块花布缝的。我已经用了四年，只磨了几个小洞，我都自己用布缝好了。"

"厉害！让我猜猜，这个书包你平时不常使吧？"听口气还有些不服气呢。

"净瞎说！我天天都背着它上学，遇到下雨的时候，我就把书包藏在衣服里，紧紧贴着身子，不让雨淋着。回到家，我还会把书包放在纸盒子里。"

听了女孩的回答，两个男孩又低下头不吭气了。

"那你有几个书包呀？都是从哪儿买的？"我顺势问起了在北京长大的杨浩。

"N多！多得都数不清了！反正我每学期都要换新的。那些书包有妈妈买的，也有别人送的；有中国的，还有外国的呢。"

"这么多书包！那你是怎么使的呢？"我模仿着他刚才的口吻追问。

"说出来真不好意思！下雨的时候，我就把书包顶在脑袋上，当雨伞；坐在地上的时候，我就把书包塞在屁股下面，当坐垫……特殊情况下，也会拿它当当沙袋。"杨浩红着脸做起了自我检讨。

"好了，还是接着你们的话题聊吧。"我可不想把这次采访变成了检讨会，所以又把"接力棒"传回他们手中。

"那……能看看你的橡皮吗？"

"我没有橡皮。"

"怎么可能？"男孩子又蹦了起来。可是，看到女孩一脸认真的样子，他们不得不信了。

"把我的送给你吧！"杨浩从书包里掏出一块白色的长方形香橡皮

交给满菊。

满菊接过橡皮,放在鼻子前闻了闻:"哇!好香啊!"她于是伸出舌头,想去舔。杨浩突然大叫起来:"停!不能吃的!那是橡皮,用来擦错别字的!"

满菊被他吓了一跳,连忙把橡皮紧紧地攥在手心里。

猛然间,我发现两滴泪水从杨浩的眼角边滚了出来……

"怎么了,杨浩?"我摸着他的头问道。

"我真后悔!'知心姐姐',"杨浩哭着对我说,"满菊她比我大,可连一块像样的橡皮都没有。而我呢,平时就知道和同学打打闹闹,巨高级的橡皮,都被我切成小块当'子弹'了!我真的很后悔……"

"你说得对,我们都该向满菊学习!"看着这些孩子,我的心里也是热热的。

谈起自己的愿望,满菊对我们说:"我最大的愿望就是读完初中。但是……家里太穷了,可能……读不起了……所以,我祝愿我周围的同学都能读完初中!"

听了这句话,我们每个人的鼻子都酸酸的,为她,也为自己。

当采访团的汽车准备离开村子时,我在送行的人群中看到了满菊,正在向我们挥手。我急忙跳下车,挤到她身边,拉住她的手:

"满菊,好好念书!一定要上中学!为了所有的女孩,也为了咱大别山,一定要争气!学费我给你出!将来考上北京的大学,就住到我家来!"

满菊眼里闪着泪光,使劲点点头,小手却紧紧地拉着我,不肯松开……

回到北京后,我仍然一直惦念着这个大别山里的小姑娘。

一天,我突然收到一个喜讯:满菊来北京了!她是来参加"希望工程"汇报会的。

汇报结束后,罗田县教委主任陪着满菊特意来到了中国少年报社,报社的叔叔阿姨开大会欢迎了她。会上,小姑娘朴实而充满深情的讲话,感动了在场所有的人。

晚上，我又赶到满菊住的招待所，送去一些生活和学习用品：运动衣、保温饭盒、书包、文具……都是半新的。这是儿子用过的，他听我讲了满菊的故事后，非要让我把他最喜欢的东西连夜送来。

临走时，我又塞给满菊50元钱，让她给爸爸妈妈捎点北京特产。

一个月后，我收到了满菊写来的一封信。信的第一句话是：

"'知心姐姐'，我多想喊您一声'妈妈'呀……"

就这一句，我的泪水一下子涌了出来……

满菊在信中告诉我，爸爸妈妈听说了她在北京的经历，一会儿哭，一会儿笑……同时一再嘱咐她，一定要好好学习，好好报答那么多好心人的帮助。最后，满菊写道：

"'知心姐姐'，假期我就去山上采草药。您的钱，我一定会还给您的！"

面对贫困，你要矢志不移。

有抱负才会有毅力，有毅力才会有行动，有行动才会有成功！

无论上学的道路有多远，无论上学的路上有多难……只要目光远大，胸怀大志，希望的终点便离你不远了！

每天阅读十分钟
　　书是甜的！读书是一种美好的享受

　　早在 14 年前,我们曾对全国"十佳少先队员"进行过调查,结果发现,这些孩子在阅读方面的能力都高于普通儿童。14 年后,我又对部分"十佳少先队员"进行了跟踪访问。我发现,这些孩子也都成长得非常优秀。

　　其中表现最突出的就是上海女孩张琳和藏族女孩意娜。张琳从小就酷爱阅读,曾是《中国少年报》忠实的小读者、小作者,也曾是一名认真负责的小记者。记得 1990 年我带她去大别山采访的时候,她才 12 岁。当时她读书的数量之多,已经令大人们惊叹不已!她表现出来的能力就比一般孩子要高。现在,26 岁的张琳已经获得了医学硕士学位,正在美国哈佛大学进修,努力实现着自己人生的理想。

　　藏族女孩意娜从小也是个读书迷,爱写诗、爱画画。书给了她智慧和梦想。在她 9 岁时,有一次爸爸带着意娜去草原,小姑娘被那里的美丽深深吸引,回家后就画了一幅画,并配了一首小诗:

　　　我和牦牛去草原
　　　那里有青青的小草
　　　那里有蓝蓝的天
　　　那里没有人捉小鸟
　　　那里太阳的脸上没黑烟

你千万别小看这幅诗配画，它可在国际上获得过大奖呢！意娜11岁时当选为全国"十佳少先队员"，后来又写过好几本书。现在，她已经从中国人民大学中文系毕业了，成了一名很有才华的青年作家。

当然了，除了这些"小孩子"，我也曾对一些成功人士进行过采访，发现他们也和阅读有着不解之缘。孙金龙曾经担任过共青团中央书记处常务书记，他从小就生长在一个贫苦的农民家里，没钱买书订报。可是谁又能知道，少年时捡到的一张报纸竟改变了他的一生。

> 那是小学一年级的下半学期，有一天，我到同村的一个小伙伴家里玩，无意中在他家门后的旮旯里捡到了一张揉皱了的废纸。当时，我并不知道那就是报纸，说实话，在这之前我也没见过报纸到底是什么样子。看到报头的标题，我才知道，这是一张《中国少年报》。报上的内容一下子就把我吸引住了，至今我还记得上面的主要文章。因为，它给我的印象实在是太深了，直到今天也难以忘怀。可以说，那张《中国少年报》成了我的第一份课外读物，我是一口气把它看完的。小伙伴见我这样兴奋，就告诉我，他家屋顶棚里还有一大堆这样的报纸。于是，从那天开始，我几乎每天都跑到他家去看报。报纸上的一切对我来说，都是那么新奇，那么引人入胜，尽管它们几乎都是好几年前的旧报纸……
>
> 这段往事，已经过去很多年了。对今天的小朋友来说，可能并不值得一提。但是，对于生长在当时闭塞落后、文化贫乏的农村的我来说，却是一件非常了不得的事情。正是那些过期的《中国少年报》，豁然开启了我幼小的心灵，给了我一个村庄外面的世界，令我向往，更令我在想象中徜徉……

后来，孙金龙终于考上了大学，走出了山沟，成了一名优秀的地质工作者。由于在援外工作中表现突出，他获得了国家特殊贡献奖，那时候他还很年轻。对此，他深情地告诉我说："《中国少年报》就好像一

个小窗口,打开了我的大世界。"

一个平凡的农村孩子,由于养成了阅读的好习惯,经过自身的不懈努力,终于成了一个不平凡的人;一个普通的民族,由于重视阅读,更会成为一个强大的民族。

为了帮助青少年养成爱读书的习惯,迎接2006年IBBY(国际儿童读物联盟)第30届世界大会在中国的召开,从2002年开始,全国200多家少儿报刊联合在青少年中开展"每天阅读十分钟"活动。许多优秀的图书、报刊像鸿雁一样,飞到了祖国各地,飞进了大山深处,让被大山隔断视线的孩子们看到了外面的世界。

重庆市秀山土家族苗族自治县东路小学的孩子们通过这项活动大大获益,这所学校的辅导员唐秀红老师在活动的表彰大会上,提出了自己学校希望达到的目标:"让有书看的孩子爱看书,让没书看的孩子有书看!"

为了心灵的成长,让我们读书吧!因为,读书能使我们今天比昨天更有智慧,今天比昨天更加慈悲,今天比昨天更懂得爱,今天比昨天更懂得宽容,今天比昨天更懂得生活的美好。

面对阅读,你要充满极大的热情和兴趣;

面对阅读,你必须把它当作陪伴一生的习惯。

一个有远见的人,宁可少玩一会儿游戏,也不能不读书看报。

因为,书是你最好的朋友,它将陪伴你一步一步走上成功的台阶!

教孩子集中注意力

养成好习惯，对孩子的一生都会有益

影响注意力集中的三大原因：活动丰富度、父母言行、生理成熟度。

孩子注意力跟父母的言行也有关系。如果爸爸妈妈做事集中精力，孩子无形中就会养成集中精力的好习惯。我们曾经采访过注意力很集中、学习成绩非常优秀的孩子，后来发现爸爸妈妈的影响很大。有一个孩子各门功课都很优秀，玩的时间很充裕。人家问他为什么学习那么好呢，他说关键是该做什么做什么，从来不分心。我们问他为什么能做到这样呢。他说你看我爸。他爸爸是一个学者，经常写论文，非常专心，喊吃橘子他都不吭声。从小看爸爸这样，就跟着学，人家叫他去玩，他说我还没有写完作业，就这样形成习惯了。很多孩子注意力不集中，跟家长有关系，孩子写作业，家长打麻将、看电视、看球，你的状态在运动之中，孩子就坐不住。

如果你想让孩子养成集中精力的习惯，我有两个建议：第一个建议，最好在孩子一年级和二年级的时候，爸爸妈妈在家安定一下，到晚上，大家都在自己的桌前做自己的事情。孩子看到家里有学习的气氛，就养成了习惯。第二个建议，别总对孩子说"你瞧你怎么就坐不住""你瞧你坐得什么样，坐不了几分钟就出去跑"。这些话就是在"塑造"孩子，孩子脑子里就会形成"我就是坐不住的孩子""我就是出去跑的孩子"的意识。我跟孩子接触的时候常常是另外一种方式，我老说："你瞧孩子，你做得多好多专心！"你越说他就越专心，因为你给了他一个正面的形象。如果一个孩子玩电脑很专心，他就知道专心是什么感觉。我们把正面的东西描述得具体一点，把负面的东西慢慢地从孩子的字典中去掉，这样孩子就能走正道了。不要把他看成是病人，看成病人之后，家长的焦虑就使孩子有了负面情绪，本来不多动也多动了，人都是这样的。多接触正面信息，孩子就会慢慢地更阳光一点，而且更能够踏踏实实的。

其实人的智商差异不是很大，但是注意力差异就大了。晚上所有的灯都灭了的时候，打开家里的灯，你是不是觉得特别亮？为什么呢？因为电灯一下都灭了，你这个灯显得特别亮。一个人如果把自己的精力全部集中起来做一件事，叫聚精会神。

关注孩子注意力集中是非常重要的。怎么关注呢？我们应该把培养孩子注意力作为家庭教育的一个内容。怎么培养呢？可以让孩子把脑筋开动起来，凡是比较活泼的孩子，思想就比较活跃。老师上课、爸爸妈妈说事时，最好让我们孩子的脑子里出现一个图画，全部形象化，脑子不停地转。记忆这个东西，死记硬背是记不下来的，一般变成图画就都记下来了，然后再用语言描述图画。

所以最好让孩子学会绘画，把想的、说的画下来，变成形象思维，利用形象思维时注意力会集中在图画上，老师讲课的时候眼前会浮现图画，这算是一种训练的方法。

还有一点是注意力高度集中一段时间后，就要换点别的，长期做一件事情就会疲劳，永远都处于不集中的状态。所以家长要控制一下时间，该集中的就集中，什么都不说，该玩的时候就不提学习的事，专门玩，孩子能控制自己，这叫好习惯。

比如说孩子写作业，要专心写，不仅为了写作业，也是为了培养孩子的注意力。这段时间不干别的，今天什么事都不干，就是在专心写作业上下功夫。每天督促一下，让他在几周之后养成这个习惯，慢慢来，一点一点来，看到孩子的进步。当孩子有注意力不集中的情况，老师反映给你的时候，家长千万别着急，不要原封不动地把老师的话告诉孩子。

有个清华大学的学生告诉我，他上幼儿园的时候老师就对他母亲说："你的孩子跟人家差多了，坐不住，人家能够坐半小时，你的孩子只能坐十分钟。"妈妈听了当然很伤心了。回来以后，孩子问妈妈老师怎么说的。妈妈笑着说："老师夸你了，说你过去只能坐10分钟，现在能坐半个小时。"孩子兴奋地说:"我能坐的时间更长一点,下次坐的时间就比第一次坐的时间更长一点。"妈妈从来不拿他跟别人比,她觉得孩子原来只能坐半个小时,现在能坐40分钟真是了不起。在不断的进步中,孩子最终养成了良好的学习习惯。我听了这个故事后挺受启发的。爸爸妈妈用耐心、专心来培养孩子专心致志的习惯,这可能对孩子一生是非常有益的。另外还有一点,孩子跟你说话的时候手里千万别拿东西,专心致志地听他说话,尤其是小孩子,从小形成这种印象,他做事就能专心。养成一个专心致志的好习惯,对孩子的一生都会有益。

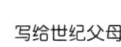
写给世纪父母

帮助孩子提高学习效率
完成作业，剩下的时间全是你的

我想替孩子说几句话，因为现在很多父母反映，孩子有个共同的毛病就是爱磨蹭。事情并不多，孩子为什么磨蹭呢？我也做过调查，当一个人做一件事情的时候，如果说做完了还要加码，就会很慢地去做。有一个小孩儿跟我说，他一篇作文写了一天。我就问他为什么写一天，他说："你不知道，我做完了以后，妈妈又给我留别的作业了。我就把题目先写上，一会儿我再写两行字，到最后睡觉之前才能完成呢，这样的话妈妈就不给我留别的作业了。"

怎么才能提高效率呢？要告诉孩子，你在这个时间内完成这个作业之后，剩下的时间全是你的。于是他就抓紧时间，会很迅速地做完。因为他会获得自由的时间，他当然要很快地做作业，于是他就学会了提高效率。否则，很容易养成磨蹭的坏毛病。这么一来，您希望在高考的时候，孩子在短短时间内改掉坏毛病，那不可能。那时候让他迅速起来，他已经没有那个状态了。

所以，那些考试优秀的学生，常常是把作业当考试，把考试当作业。在自己写作业之前，先搁一个闹钟放在那儿，迅速完成，然后检查两遍放那儿，闹钟响了他也完成了。等他考试的时候也就不紧张了，跟平时作业一样的状态。所以爸爸妈妈不要没边际地留作业，一定要非常有度，在一个小时之内，不能超过这个时间。

孩子是需要玩的，他们是在玩中长大的。如果他们现在不玩的话，他就没有很多感受。如果你要让他写作文，没感受的话他就写不出来。没有内心的感悟，你让他写东西，是非常困难的。所以现在很多孩子，都写不出作文来。一个学校过"六一"儿童节，本应该让孩子们去玩，可学校让孩子们在学校里写作业，结果那年的考试题目叫《快乐的"六一"》，所有的孩子都觉得"六一"根本不快乐，很多人没写出来。所以玩也是孩子生活的一部分。我觉得爸爸妈妈留任何的作业一定要限量，这样孩子就能形成抓紧时间的好习惯。